ELISIANI VITÓRIA TIEPOLO

SÉRIE LÍNGUA PORTUGUESA EM FOCO

DIALÓGICA

O selo DIALÓGICA da Editora InterSaberes faz referência às publicações que privilegiam uma linguagem na qual o autor dialoga com o leitor por meio de recursos textuais e visuais, o que torna o conteúdo muito mais dinâmico. São livros que criam um ambiente de interação com o leitor – seu universo cultural, social e de elaboração de conhecimentos –, possibilitando um real processo de interlocução para que a comunicação se efetive.

Falar, ler e escrever na escola:

práticas metodológicas
para o ensino de
língua portuguesa

Dados Internacionais de Catalogação na Publicação (CIP)
(Câmara Brasileira do Livro, SP, Brasil)

Tiepolo, Elisiani Vitória

    Falar, ler e escrever na escola: práticas metodológicas para o ensino de língua portuguesa/Elisiani Vitória Tiepolo. – Curitiba: InterSaberes, 2014. (Série Língua Portuguesa em Foco).

    Bibliografia
    ISBN 978-85-443-0014-5

    1. Português – Estudo e ensino 2. Prática de ensino 3. Professores – Formação profissional I. Título. II. Série.

14-04706   CDD-370.71

Índice para catálogo sistemático:

1. Professores de língua portuguesa: Formação profissional: Educação 370.71

Rua Clara Vendramin, 58 • Mossunguê • CEP 81200-170 • Curitiba • PR • Brasil
Fone: (41) 2106-4170 • www.intersaberes.com • editora@editoraintersaberes.com.br

Dr. Ivo José Both (presidente);
Dr.ª Elena Godoy; Dr. Nelson Luís Dias e
Dr. Ulf Gregor Baranow • conselho editorial

Lindsay Azambuja • editora-chefe

Ariadne Nunes Wenger • supervisora editorial

Ariel Martins • analista editorial

Denis Kaio Tanaami • design de capa

Ingram • imagem de capa

Raphael Bernadelli • projeto gráfico

Pessoa&Moraes • diagramação

1ª edição, 2014.

Foi feito o depósito legal.

Informamos que é de inteira responsabilidade da autora a emissão de conceitos.

Nenhuma parte desta publicação poderá ser reproduzida por qualquer meio ou forma sem a prévia autorização da Editora InterSaberes.

A violação dos direitos autorais é crime estabelecido na Lei n. 9.610/1998 e punido pelo art. 184 do Código Penal.

sumário

apresentação, VII

organização didático-pedagógica, XII

- um   a legislação brasileira que orienta o ensino de língua portuguesa, 15
- dois   toda metodologia expressa uma concepção de linguagem (e mundo), 29
- três   o trabalho com a oralidade, 51
- quatro   as diferentes formas de trabalho com o texto, 83
- cinco   o estudo da norma-padrão por meio da análise linguística, 159
- seis   um gênero textual, muitas práticas com a linguagem, 185
- sete   como planejar uma aula em uma perspectiva sociointeracionista, 209
- oito   avaliar: controlar, punir ou diagnosticar?, 231

considerações finais, 255

glossário, 257

referências, 259

bibliografia comentada, 271

respostas, 277

sobre a autora, 281

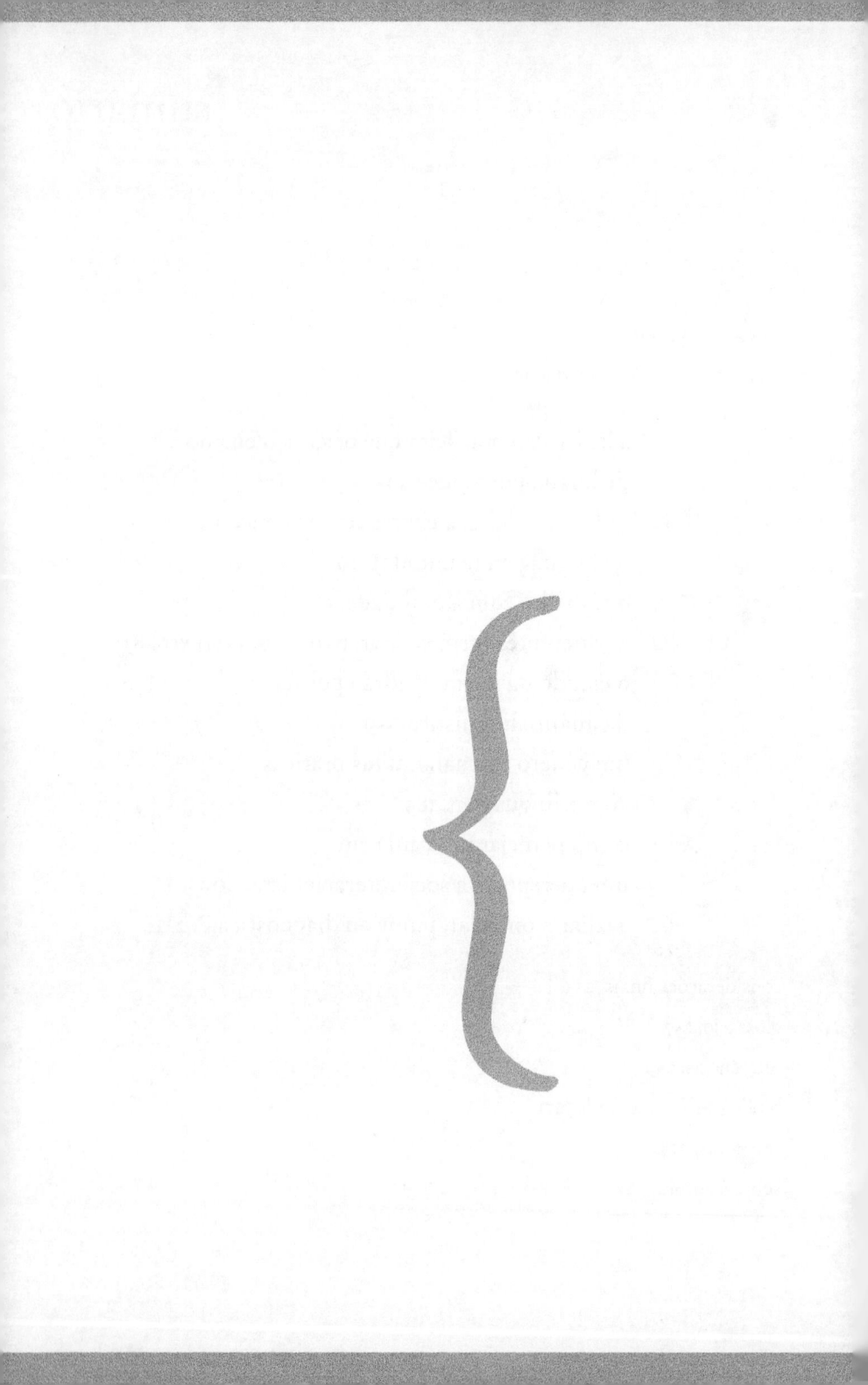

apresentação

❡ PODEMOS DIZER QUE não há leitura sem leitor. Então, de agora em diante, você é coautor deste livro, afinal, como versou Helena Kolody (1995), cada leitor é singular em seu modo de ler e compreender o código particular de cada palavra.

Na tessitura do que escrevo aqui, entram minhas experiências como professora da educação básica e do ensino superior, que incluem as minhas histórias vividas e de leitora, bem como os textos que li – e leio – em minha formação como professora de Língua Portuguesa*, os textos voltados para a formação de professores e os textos de literatura, gênero que me constrói e desconstrói constantemente e alimenta minha sensibilidade. Além disso, nesta obra, abordo a riqueza dos textos da literatura

---

* Nesta obra, utilizamos as iniciais em letra maiúscula somente quando nos referimos à disciplina de Língua Portuguesa.

oral, que vão ficando guardados nas estantes da memória, sem catalogação precisa, mas que também alicerçam os meus dizeres. Além disso, não custa dizer que, apesar de este ser um livro de metodologia, não pretende ser um guia ou oferecer planos fechados de encaminhamento, mesmo quando são apresentadas sequências didáticas. A intenção é de sempre dialogar na perspectiva da construção coletiva de uma educação emancipatória, que só será possível, em uma sociedade letrada, se todas as pessoas tiverem – entre tantas outras coisas – acesso à leitura e à escrita, e delas se apropriarem de fato para assim escreverem a sua própria história.

Assim, neste livro apresento os marcos legais e os pressupostos teóricos que orientam a prática pedagógica em Língua Portuguesa na educação básica e sugiro possíveis formas de abordagem metodológica.

Para tanto, no primeiro capítulo, são apresentados, sucintamente, os principais aspectos dos Parâmetros Curriculares Nacionais (PCN) e as Diretrizes Curriculares Nacionais referentes ao ensino de língua portuguesa. Essa apresentação é importante para a compreensão das origens dos projetos político-pedagógicos e da concepção de educação em que estes estão pautados, bem como das orientações que chegam às escolas em normativas.

No segundo capítulo, são apresentados os pressupostos teóricos relativos ao ensino de língua portuguesa que justificam a organização metodológica baseada nas práticas de oralidade, leitura e escrita e o deslocamento do ensino da gramática normativa para a análise linguística.

Na sequência, no terceiro capítulo, trago algumas reflexões sobre a prática de oralidade, assim como algumas propostas de encaminhamentos metodológicos.

Seguindo as sugestões de trabalho com as diferentes modalidades, no quarto capítulo, apresento as diferentes formas de se trabalhar com o texto. No quinto capítulo, discuto a necessidade e os benefícios de se realizar a análise linguística em sala de aula.

No sexto capítulo, são sugeridas atividades de oralidade, leitura, escrita e análise linguística por meio do estudo de textos do gênero *divulgação científica*.

Em seguida, no sétimo capítulo, são apresentados alguns modelos de planos de aula nos quais são contempladas as práticas com a linguagem.

Por fim, a avaliação diagnóstica, processual e longitudinal é o tema do oitavo capítulo. Além da reflexão sobre a concepção de avaliação presente nas práticas escolares, são apresentados alguns critérios de avaliação em Língua Portuguesa, inclusive os utilizados em avaliações oficiais, como a Prova Brasil.

A proposta desta abordagem é oferecer algumas possibilidades de trabalho com a língua portuguesa na escola, tendo como centralidade as práticas com oralidade, leitura, escrita e análise linguística. Para isso, ao longo dos capítulos, apresento reflexões sobre o ensino de língua portuguesa, seus pressupostos teóricos e algumas sugestões metodológicas, com a intenção de que este seja mais um material que auxilie a formação e a prática docente.

Enfim, espero você nas próximas páginas para darmos sentido um ao outro, pois assim como Manoel de Barros (2010, p. 38), acredito que "a maior riqueza do homem é a sua incompletude. Nesse ponto sou abastado".

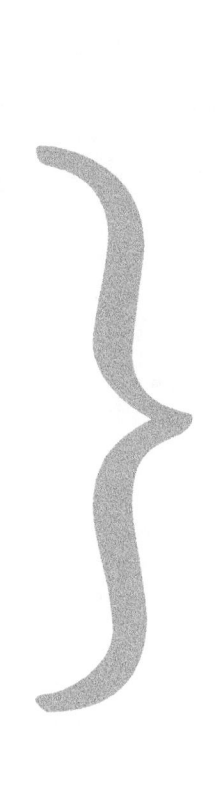

Organização didático-pedagógica

Esta seção tem a finalidade de apresentar os recursos de aprendizagem utilizados no decorrer da obra, de modo a evidenciar quais aspectos didático-pedagógicos nortearam o planejamento do material e como o leitor pode tirar o melhor proveito dos conteúdos para seu aprendizado.

Logo na abertura do capítulo, você é informado a respeito dos conteúdos que nele serão abordados, bem como dos objetivos que a autora pretende alcançar.

Com estas questões objetivas, você tem a oportunidade de verificar o grau de assimilação dos conceitos examinados, motivando-se a progredir em seus estudos e a preparar-se para outras atividades avaliativas.

Aqui você dispõe de questões cujo objetivo é levá-lo a analisar criticamente um determinado assunto e integrar conhecimentos teóricos e práticos.

Ao final do capítulo, a autora oferece algumas indicações de livros, filmes ou sites que podem ajudá-lo a refletir sobre os conteúdos estudados e permitir o aprofundamento em seu processo de aprendizagem.

Você conta, nesta seção, com um recurso que o instigará a fazer uma reflexão sobre os conteúdos estudados, de modo a contribuir para que as conclusões a que você chegou sejam reafirmadas ou redefinidas.

Nesta seção, você encontra comentários acerca de algumas obras de referência para o estudo dos temas examinados.

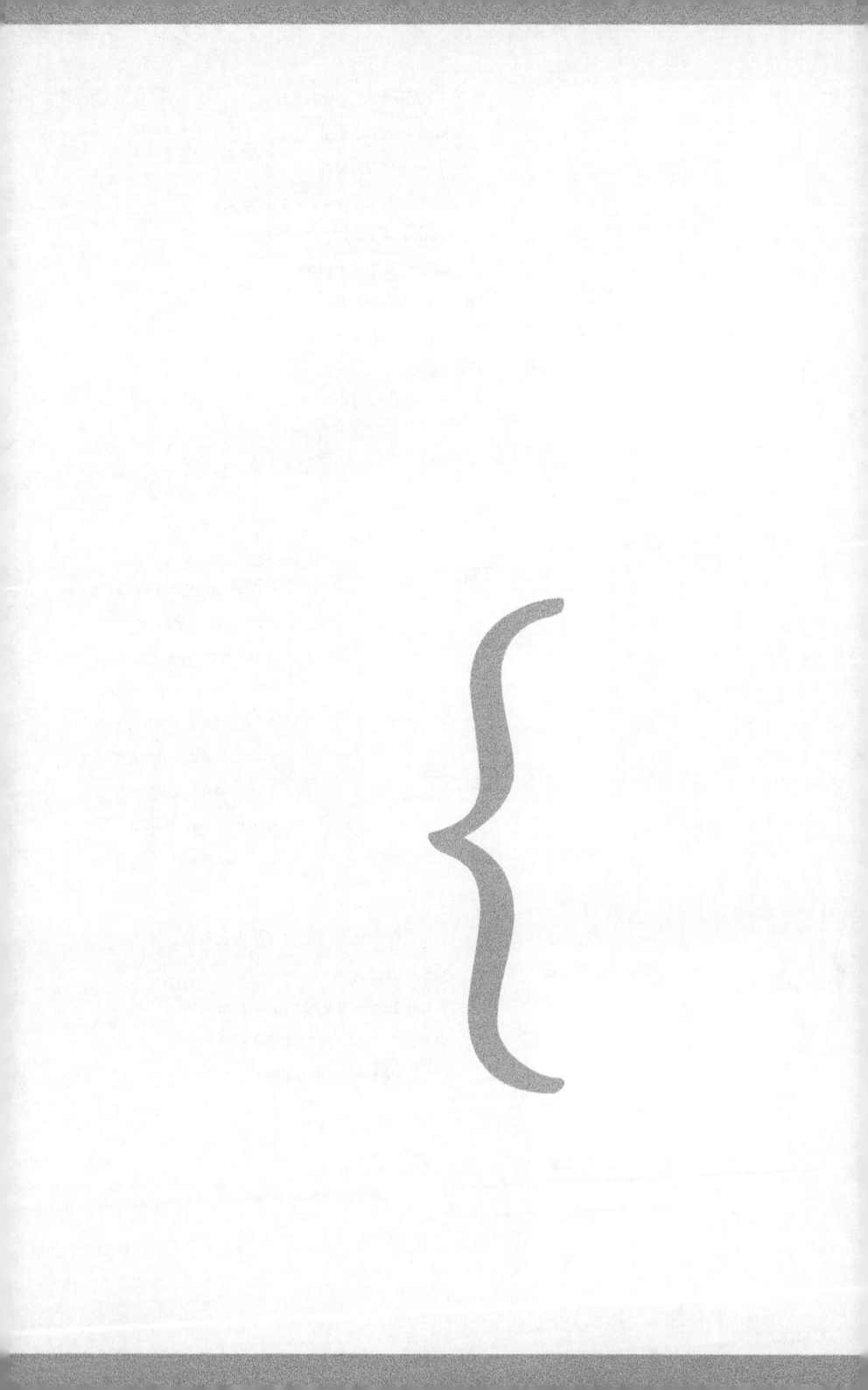

# um	a legislação brasileira que orienta o ensino de língua portuguesa
dois	toda metodologia expressa uma concepção de linguagem (e mundo)
três	o trabalho com a oralidade
quatro	as diferentes formas de trabalho com o texto
cinco	o estudo da norma-padrão por meio da análise linguística
seis	um gênero textual, muitas práticas com a linguagem
sete	como planejar uma aula em uma perspectiva sociointeracionista
oito	avaliar: controlar, punir ou diagnosticar?

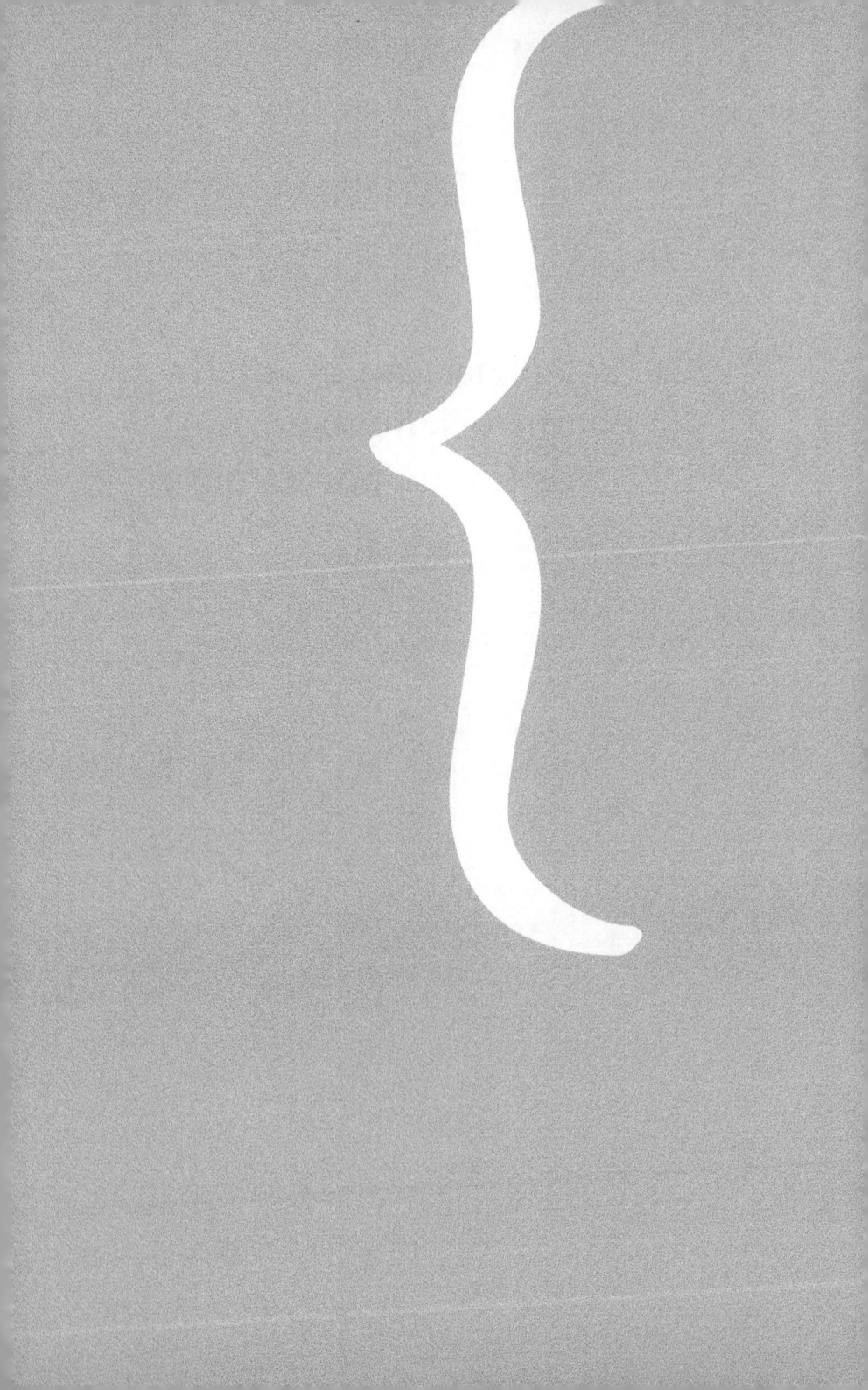

❰ DE ACORDO COM o art. 205 da Constituição Federal, "A educação, direito de todos e dever do Estado e da família, será promovida e incentivada com a colaboração da sociedade, visando ao pleno desenvolvimento da pessoa, seu preparo para o exercício da cidadania e sua qualificação para o trabalho" (Brasil, 1988).

Para que esse preceito constitucional seja cumprido, desdobram-se leis mais específicas, que banalizam as ações da escola e se refletem, em última instância, nos conteúdos selecionados e na metodologia adotada nas diversas áreas do conhecimento. É sobre a articulação entre a legislação e a prática pedagógica no ensino de língua portuguesa que trataremos neste capítulo.

As aulas devem ser vinculadas ao projeto político-pedagógico (PPP) da escola, que, por sua vez, está vinculado às Diretrizes Curriculares do município ou do estado, as quais não podem se desconectar dos Parâmetros Curriculares Nacionais (PCN). Toda essa organização curricular surgiu após a promulgação da Lei n. 9.394, de 20 de dezembro de 1996 (Brasil, 1996), conhecida como *Lei de Diretrizes e Bases da Educação Nacional* (LDBEN), que estabelece a organização do sistema educacional.

Além da necessidade de promulgação de leis, a organização política da educação exige planejamento. Nesse sentido, desde 2009 há a Conferência Nacional de Educação (Conae), um espaço aberto pelo poder público para que todos possam participar do desenvolvimento da educação nacional. A Conae tematiza a educação escolar, da educação infantil à pós-graduação, e é realizada em diferentes territórios e espaços institucionais, escolas e municípios e conta com a participação de estudantes, pais, profissionais da educação, gestores, agentes públicos, bem como da sociedade civil organizada de modo geral. A primeira Conae aconteceu em Brasília, em 2010, e, nesse mesmo ano, o Governo Federal enviou ao Congresso o Projeto de Lei n. 8.530, de 2010 (Brasil, 2010), que criou o Plano Nacional de Educação (PNE) para vigorar de 2011 a 2020. O novo PNE apresenta 10 diretrizes e 20 metas, seguidas das estratégias de concretização, e prevê formas de a sociedade monitorar e cobrar cada uma das conquistas previstas.

Os marcos legais que relacionam-se mais diretamente com a prática pedagógica cotidiana, em sala de aula, são as Diretrizes Curriculares Nacionais (DCN). Entre as atribuições da esfera federal está a formulação das DCN, exercida pelo Conselho Nacional de Educação (CNE). A Resolução n. 2, de 7 de abril de 1998, da Câmara de Educação Básica (CEB), do CNE, em seu art. 2 define *diretrizes* como "conjunto de definições doutrinárias sobre princípios, fundamentos e procedimentos da educação básica [...] que orientarão as escolas brasileiras dos sistemas de ensino na organização, articulação, desenvolvimento e avaliação de suas propostas pedagógicas" (Brasil, 1998).

As DCN estabelecem bases comuns nacionais para a educação infantil, o ensino fundamental e o ensino médio, bem como para as suas modalidades – educação de jovens e adultos (EJA), educação do campo, educação indígena, educação especial e educação profissional, por exemplo.

Em 1998, foram publicadas as DCN para o ensino fundamental e, entre 1997 e 2002, os PCN foram implementados. Além disso, várias revisões e atualizações das DCN foram feitas nesse período.

Os conteúdos da área de língua portuguesa, conforme estabelecido nos PCN, estão pautados nos estudos da linguística. Esse documento não oferece uma listagem de conteúdos gramaticais nem determina o ensino de regras, conceitos e terminologias gramaticais. Indica, porém, que se faça a organização de atividades selecionando os conteúdos em função do desenvolvimento das quatro habilidades linguísticas básicas: falar, escutar, ler e escrever. O desenvolvimento dessas habilidades se organiza em torno de dois eixos básicos: o uso das línguas oral e escrita e a reflexão sobre a língua, conforme esquematizado no Quadro 1.1 a seguir.

Quadro 1.1 – Eixos do trabalho em língua portuguesa

Análise e reflexão sobre a língua	
língua oral: usos e formas	língua escrita: usos e formas ↓ ↓ prática de leitura prática de produção de texto ↓ ↓ aspectos discursivos e notacionais

FONTE: Elaborado com base em Brasil, 1997, p. 35.

O documento ressalta que

A maioria dos guias curriculares em vigor já não organiza os conteúdos de Língua Portuguesa em alfabetização, ortografia, pontuação, leitura em voz alta, interpretação de texto, redação e gramática, mas, na prática da sala de aula, essa estruturação é a que ainda prevalece. Esses conteúdos também são propostos neste documento, mas estão organizados em função do eixo USO → REFLEXÃO → USO. Aparecem, portanto, como "Prática de leitura", "Prática de produção de texto" e "Análise e reflexão sobre a língua". (Brasil, 1997, p. 35)

O objetivo do ensino de língua portuguesa, então, é "promover o desenvolvimento do aluno para o domínio ativo do discurso (linguagem), sobretudo nas instâncias públicas de uso da linguagem, de modo a possibilitar sua inserção efetiva no mundo da escrita, ampliando suas possibilidades de participação social no exercício da cidadania" (Brasil, 1997, p. 39).

Os PCN também indicam que o trabalho da escola deve compreender que a linguagem é uma atividade discursiva, a qual viabiliza o acesso do aluno ao universo de textos que circulam socialmente e promove atividades nas quais ele possa, efetivamente, desenvolver habilidades para tornar-se um competente usuário da língua portuguesa, capaz de:

- compreender e produzir textos orais e escritos adequados às situações de comunicação em que atua, incluindo os textos das diferentes disciplinas escolares;
- ler e escrever produzindo sentido e sabendo informar, argumentar, criticar, posicionar-se, divertir, emocionar, persuadir;
- ler e escrever descobrindo as finalidades e as intenções dos textos, os ditos e não ditos;
- ler e escrever em variadas situações, formulando perguntas e articulando respostas significativas.

Em 2000, foram publicados os Parâmetros Curriculares Nacionais para o Ensino Médio – PCNEM (Brasil, 2000), que estabelecem a divisão do conhecimento escolar em três áreas: linguagens, códigos e suas tecnologias, ciências da natureza, matemática e suas tecnologias e ciências humanas e suas tecnologias, nas quais o desenvolvimento pessoal permeia a concepção dos componentes científicos, tecnológicos, socioculturais e linguísticos. Os PCNEM sinalizam que a concepção curricular deve ser transdisciplinar e matricial, de forma que as marcas das linguagens, das ciências, das tecnologias e, ainda, dos conhecimentos históricos, sociológicos e filosóficos sejam vistos como saberes que permitem uma leitura crítica do mundo, além de estarem presentes em todos os momentos da prática escolar.

Assim como nos PCN, nos PCNEM a linguagem é entendida como produção de significados coletivos realizada por meio de sistemas arbitrários de representação, que são compartilhados e variam de acordo com as necessidades e as experiências em sociedade.

Em 2013, o MEC publicou as Diretrizes Curriculares Nacionais da Educação Básica (Brasil, 2013), uma atualização das DCN, nas quais são estabelecidas a base nacional comum, responsável por orientar a organização, a articulação, o desenvolvimento e a avaliação das propostas pedagógicas de todas as redes de ensino brasileiras.

Apesar desse longo histórico de discussões e legislações apontando para o rompimento com a educação tradicional, nas salas de aula ainda estão presentes resquícios de uma educação bancária, que, no caso da Língua Portuguesa, expressa-se na organização curricular elaborada visando à aprimoração dos conteúdos gramaticais – assim como em livros didáticos, que tentam conciliar um trabalho baseado em uma pretensa análise linguística e na gramática normativa, criando um estranho e estéril hibridismo.

O fato é que temos um acervo muito grande de estudos e informações que possibilitam romper com a educação tradicional, bem como uma legislação que nos ampara nesse caminho. Ou seja: temos condições para que o cerne do ensino de língua portuguesa seja, de fato, baseado na apropriação de linguagem como meio de interação no mundo contemporâneo, cada vez mais mediado pela escrita.

Síntese

É importante conhecer a legislação vigente para compreender a origem das discussões e orientações metodológicas em torno do ensino de língua portuguesa. Todos os educadores e educadoras fazem parte de um projeto de educação nacional e muitas vezes traduzem a legislação em ações diárias em sala de aula. Ter consciência dessa grande rede na qual cada educador está inserido é essencial para o desvelamento das concepções de educação e ensino da linguagem que permeiam as decisões metodológicas assumidas na prática de sala de aula.

Para saber mais

Confira toda a legislação da educação brasileira, disponível no *site* do MEC:

BRASIL. Ministério da Educação. Disponível em: <http://portal.mec.gov.br>. Acesso em: 11 nov. 2013.

Atividades de autoavaliação

1. Em uma ordem do macro para o microssistema, a ação pedagógica do professor está pautada nos seguintes referenciais:
a. Projeto político-pedagógico escolar; diretrizes curriculares municipais; diretrizes curriculares estaduais; Parâmetros

Curriculares Nacionais; Lei de Diretrizes e Bases; Constituição Federal de 1988.

b. Constituição Federal de 1988; Parâmetros Curriculares Nacionais; projeto político-pedagógico escolar; diretrizes curriculares municipais; diretrizes curriculares estaduais; Lei de Diretrizes e Bases.

c. Constituição Federal de 1988; Lei de Diretrizes e Bases; Parâmetros Curriculares Nacionais; diretrizes curriculares estaduais; diretrizes curriculares municipais; projeto político-pedagógico escolar.

d. Parâmetros Curriculares Nacionais; Lei de Diretrizes e Bases; Constituição Federal de 1988; diretrizes curriculares estaduais; diretrizes curriculares municipais; projeto político-pedagógico escolar.

2. Assinale (V) para as afirmações verdadeiras e (F) para as falsas:

( ) As Diretrizes Curriculares Nacionais definem os princípios, os fundamentos e os procedimentos adotados na educação básica e são o referencial para a organização, a articulação, o desenvolvimento e a avaliação dos projetos político-pedagógicos das escolas.

( ) Em 1998, foram publicadas as Diretrizes Curriculares Nacionais para o ensino fundamental. Depois de muitas revisões e atualizações, em 2013 foram publicadas as Diretrizes Curriculares Nacionais Gerais da Educação Básica.

( ) A principal referência para a definição dos conteúdos da área de língua portuguesa, nos Parâmetros Curriculares Nacionais

(PCN), é a gramática normativa, tendo em vista que o papel da escola é ensinar a norma-padrão.

( ) De acordo com os PCN, o trabalho com a língua portuguesa deve estar organizado considerando os usos das línguas oral e escrita e, por isso, não é possível estabelecer uma lista de conteúdos gramaticais específicos.

3. Os objetivos do ensino de língua portuguesa são levar o aluno a:
a. compreender e produzir textos orais e escritos adequados às situações de comunicação em que atua.
b. ler e escrever produzindo sentido e sabendo informar, argumentar, criticar, posicionar-se, divertir, emocionar e persuadir.
c. ler e escrever descobrindo as finalidades e as intenções dos textos, os ditos e não ditos.
d. Todas as alternativas anteriores estão corretas.

4. Os Parâmetros Curriculares Nacionais para o Ensino Médio (PCNEM) estabeleceram a divisão do conhecimento escolar nas seguintes áreas:
a. Linguagens, códigos e suas tecnologias; ciências da natureza; matemática e suas tecnologias; ciências humanas e suas tecnologias.
b. Língua portuguesa; matemática; ciências físicas e biológicas; artes; filosofia.
c. Língua portuguesa; matemática; história e geografia; ciências físicas e biológicas; artes, filosofia e humanidades; educação física.

d. Ciências físicas e biológicas; linguagens do corpo e das artes; linguagens exatas; linguagem, comunicação e mídias; estudos em humanidades.

5. Assinale (V) para as afirmações verdadeiras e (F) para as falsas:
( ) Uma vez que as Diretrizes Curriculares e os Parâmetros Curriculares Nacionais se baseiam na concepção sociointeracionista de linguagem, o texto passa a ser a base principal para o estudo de gramática normativa, tornando-se pretexto para as atividades com a metalinguagem.
( ) Nas Diretrizes Curriculares e nos Parâmetros Curriculares Nacionais, a linguagem é compreendida como atividade discursiva, sendo papel da escola viabilizar o acesso do aluno ao universo de textos que circulam socialmente.
( ) A concepção sociointeracionista de linguagem perpassa as Diretrizes Curriculares e os Parâmetros Curriculares Nacionais.
( ) Podemos dizer que as Diretrizes Curriculares e os Parâmetros Curriculares Nacionais estão em consonância com a concepção freireana de que saber ler e escrever envolve, essencialmente, ação e reflexão.

Atividades de aprendizagem

Questões para reflexão

1. Reflita sobre a sua prática como professor (ou sobre como você prepararia uma aula de Língua Portuguesa) e responda: sua prática em sala de aula vai ao encontro das orientações presentes na legislação vigente ou é contrária a elas?

2. Pesquise o projeto político-pedagógico de uma escola e relacione-o com os princípios e a concepção de educação presentes na legislação apresentada neste capítulo. Apresente sua análise para seus colegas, a fim de discutir os pontos comuns entre as diferentes análises.

Atividade aplicada: prática

Pesquise o projeto político-pedagógico de uma escola. Observe, direta e indiretamente, a prática em sala de aula (se possível nessa mesma escola). Compare o cotidiano escolar com o que prega o documento, escreva um texto com suas conclusões e apresente-o ao seu grupo de trabalho.

{

um	a legislação brasileira que orienta o ensino de língua portuguesa
# dois	**toda metodologia expressa uma concepção de linguagem (e mundo)**
três	o trabalho com a oralidade
quatro	as diferentes formas de trabalho com o texto
cinco	o estudo da norma-padrão por meio da análise linguística
seis	um gênero textual, muitas práticas com a linguagem
sete	como planejar uma aula em uma perspectiva sociointeracionista
oito	avaliar: controlar, punir ou diagnosticar?

❰ MUITAS VEZES, a necessidade de urgência no processo de preparação das aulas leva-nos a pensar diretamente nas atividades que serão desenvolvidas. Todavia, é importante refletirmos a respeito de nossas opções metodológicas, pois elas revelam os pressupostos teóricos que sustentam nossa prática. Neste capítulo, vamos desvendar o que está por trás das atividades propostas aos alunos e o resultado destas na formação deles. Para tanto, começaremos refletindo sobre o significado da palavra *metodologia*. Depois, focaremos nas concepções de linguagem que se revelam nas práticas escolares.

A palavra *metodologia*, oriunda do latim *methodus* e do grego *méthodos*, significa *investigação científica, modo de perguntar*. Nesse sentido, a metodologia de ensino pode ser considerada o caminho a ser percorrido no processo de ensino e aprendizagem. A metodologia é sustentada por princípios teóricos e expressa os objetivos da prática docente. Um conjunto de sugestões metodológicas, então, não é apenas uma sequência de procedimentos ou técnicas que podem ser repetidas por qualquer um, mas a explicitação da maneira como compreendemos aquilo que fazemos. Em outras palavras, a metodologia revela a práxis pedagógica, na qual teoria e prática não existem separadamente.

A própria configuração de uma sala de aula pode revelar a concepção de educação seguida pelo professor. Observe as figuras 2.1 e 2.2 e, em seguida, procure responder às questões propostas.

Figura 2.1 – Exemplo 1 de sala de aula

CRÉDITO: Fotolia

Figura 2.2 – Exemplo 2 de sala de aula

- De que época parecem ser as imagens?
- Como os alunos estão posicionados na sala de aula nas duas situações?
- Que relação os alunos parecem ter com a prática da linguagem oral?
- Em que ponto da sala se concentra a atenção?
- Que tipo de interação os alunos estabelecem entre si e com o professor?

Você deve ter percebido que há uma grande distância temporal entre as duas imagens, pois a primeira é do início do século XXI e a segunda, do século XIX. Podemos concordar que em ambas as imagens os alunos estão sentados em carteiras enfileiradas, uns atrás dos outros, em silêncio, ou seja, em posição de escuta. A atenção deles se concentra nos materiais didáticos ou no professor, posicionado à frente, a quem compete a ação de ensinar. Em cima das carteiras, um livro. O trabalho é silencioso e individual.

Agora, observe a Figura 2.3 e responda às mesmas questões anteriores.

FIGURA 2.3 – EXEMPLO 3 DE SALA DE AULA

A configuração mudou bastante, não é? Os alunos estão trabalhando em grupos e a professora circula entre eles. Dessa forma, a atenção dos estudantes se divide entre os próprios colegas e a professora. A comunicação oral é facilitada, e há vários materiais de leitura disponíveis nos grupos.

Comparando as imagens anteriores, podemos perceber que o modo de organização da sala de aula fornece indícios da forma como se compreende o processo de ensino e aprendizagem e a função da escola. Na primeira situação, ambas as imagens revelam uma concepção tradicional de educação, na qual o professor é a figura central e o aluno é um receptor passivo dos conhecimentos (considerados verdades absolutas). Essa tendência predominou, no Brasil, nas décadas de 1950 e 1960 e, como podemos constatar, ainda é presente em algumas escolas. O ensino de conteúdos enciclopédicos e descontextualizados por vezes acontece de forma verbalista e ensinar é sinônimo de repassar conteúdos. A ênfase está na resolução de exercícios, cópias e leituras e na repetição e memorização de conceitos e fórmulas, existindo, além disso, um estímulo para o individualismo. No caso do ensino da língua portuguesa, as aulas são organizadas em torno de atividades de memorização das regras da gramática normativa, sendo a própria leitura do texto pretexto para esse trabalho – a ponto de, muitas vezes, ser desnecessário que aluno leia o texto para realizar as atividades propostas. Veja um exemplo:

Leia o texto a seguir e responda às questões:

> ### Os bois e o eixo
>
> Um carro era arrastado pelos bois. Como o eixo rangia, eles se voltaram e disseram-lhe: "Nós é que puxamos o carro e vocês é que gemem?"
>
> Para uns o sacrifício, para outros as queixas.
>
> FONTE: Fábulas..., 1997, p. 10.
>
> 1. Quais animais são os personagens da fábula?
> 2. Qual a moral da fábula?
> 3. Circule os substantivos do texto.
> 4. Conjugue o verbo *ranger* no presente do indicativo.
> 5. Liste os dígrafos.

Esse tipo de encaminhamento, além de reduzir a interpretação à identificação de informações explícitas e o estudo da língua à identificação e à repetição de aspectos gramaticais, ensina ao aluno que não é necessário ler o texto, mas que é possível ir direto ao perguntado nos exercícios e pinçar as respostas. Assim, por volta do 5º ano, os alunos já perguntam ao professor "Em que parágrafo está a resposta?" e fazem cópia de trechos para responder o que lhes é pedido, ou seja, aprenderam o que a escola lhes ensinou, mas não o seu objetivo.

Por outro lado, a segunda situação, ilustrada na Figura 2.3, mostra outro tipo de compreensão da escola, do papel do professor e do processo de ensino e aprendizagem. O deslocamento do professor da frente da sala para o meio dos alunos mostra que ele não é o único detentor dos saberes, mas um mediador de conhecimentos. Assim, professor e alunos são sujeitos ativos na construção dos saberes. As aulas são organizadas em torno de debates, leituras partilhadas, aulas expositivas dialogadas e trabalhos individuais e em grupos, nos quais os saberes prévios trazidos se agregam aos conhecimentos científicos na construção e na apropriação de conteúdo. Nesse contexto, estudar a língua portuguesa é estudar de que forma os discursos se organizam para compreender o que sujeitos historicamente localizados dizem e a forma como dizem, considerando suas intenções e o modo como produzem seus próprios textos (orais e escritos), registrando suas histórias e percepções de mundo.

Contudo, mais do que fazer críticas à concepção tradicional de linguagem, é importante entendermos que ela é fruto de um momento histórico em que as pesquisas relacionadas à linguística, à psicologia e à pedagogia correspondiam às possibilidades e às necessidades da época. No entanto, desde então, houve muitos avanços em relação aos estudos voltados à educação e à linguagem. Além disso, o intenso processo de industrialização e urbanização impulsionou a constituição de uma sociedade altamente letrada.

O ritmo da cidade e o número de pessoas e veículos mudaram radicalmente nos últimos 50 anos. Também houve uma enorme mudança em relação às informações visuais disponíveis, que, atualmente, incorporam, além das placas e fachadas, pichações, faixas etc., tudo em uma profusão tamanha que provoca certa poluição visual. Vivemos em uma sociedade em que, a cada pequeno espaço de tempo, novos suportes textuais são criados e, com eles, novas linguagens e novos gêneros textuais. Isso exige rapidez na compreensão de informações e competência leitora. Além disso, se houve um tempo em que o livro era o principal suporte da escrita, hoje é possível encontrá-la em computadores, *tablets*, celulares, caixas de banco, prateleiras de supermercados, rótulos, muros, roupas e em diversos outros meios.

A escrita também se popularizou e deixou de ser privilégio de alguns. Mesmo que não seja respeitada a sua variedade padrão, ela está nas ruas e precisa ser decodificada por todos, sem restrições ou preconceito. Veja a Figura 2.4:

Figura 2.4 – Placa

Diante de uma placa como essa, o papel do leitor escolarizado é, primeiramente, compreender o que ela indica, utilizando seus conhecimentos de mundo e da estrutura da língua. Afinal, apesar de não ter sido respeitada a grafia correta de algumas palavras, trata-se de um texto em língua portuguesa, que, inclusive, respeita normas de ortografia (observe a escrita de *promoção* e *sanduíche*, por exemplo). Em outras palavras: a questão não é se quem escreveu o fez dentro da norma, e sim se quem é escolarizado é capaz de ler com competência, em qualquer condição.

Naquela sociedade em que a escrita estava restrita a poucos, momento no qual a escola brasileira ainda era bastante elitista, parece coerente que as aulas de Língua Portuguesa estivessem fundamentadas em uma concepção tradicional de linguagem, centrada na dualidade certo *versus* errado e em uma metodologia baseada na repetição de regras. Ensinar a língua portuguesa era sinônimo de ensinar gramática normativa por meio da memorização. Mesmo quem não é dessa época deve ter visto os primeiros livros didáticos, pequenos, com raras ilustrações e organizados em leitura, interpretação, gramática e redação. Como exemplo, observe, na Figura 2.5, uma página de uma das lições do livro do professor Mansur Guérios, um dos autores mais utilizados até a década de 1960 no Paraná.

Figura 2.5 – Página de livro didático

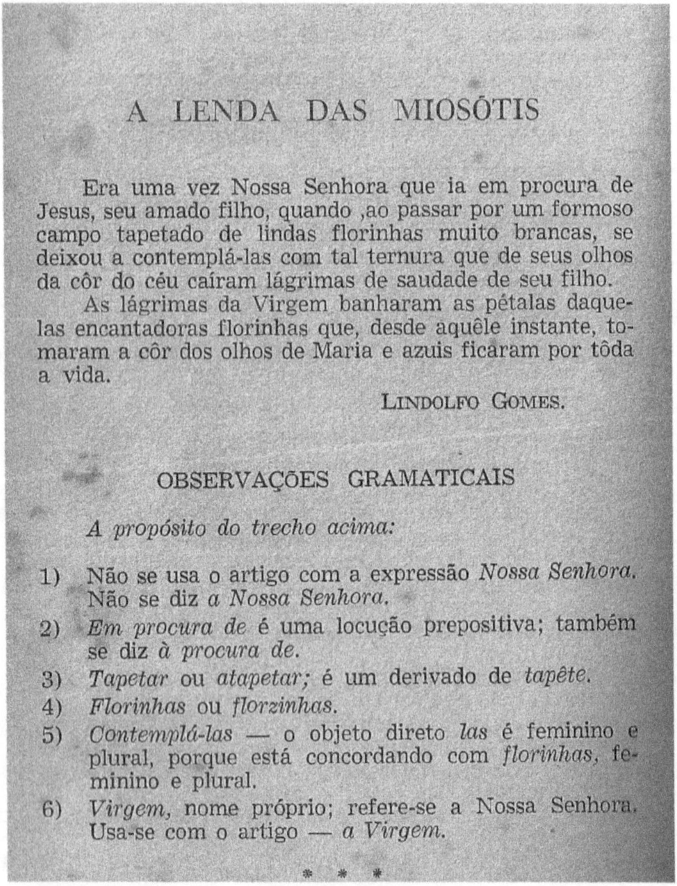

> ## A LENDA DAS MIOSÓTIS
>
> Era uma vez Nossa Senhora que ia em procura de Jesus, seu amado filho, quando ,ao passar por um formoso campo tapetado de lindas florinhas muito brancas, se deixou a contemplá-las com tal ternura que de seus olhos da côr do céu caíram lágrimas de saudade de seu filho.
> As lágrimas da Virgem banharam as pétalas daquelas encantadoras florinhas que, desde aquêle instante, tomaram a côr dos olhos de Maria e azuis ficaram por tôda a vida.
>
> LINDOLFO GOMES.
>
> ### OBSERVAÇÕES GRAMATICAIS
>
> A propósito do trecho acima:
>
> 1) Não se usa o artigo com a expressão *Nossa Senhora*. Não se diz *a Nossa Senhora*.
> 2) *Em procura de* é uma locução prepositiva; também se diz *à procura de*.
> 3) *Tapetar* ou *atapetar*; é um derivado de *tapête*.
> 4) *Florinhas* ou *florzinhas*.
> 5) *Contemplá-las* — o objeto direto *las* é feminino e plural, porque está concordando com *florinhas*, feminino e plural.
> 6) *Virgem*, nome próprio; refere-se a Nossa Senhora. Usa-se com o artigo — *a Virgem*.
>
> * * *

FONTE: Guérios, 1958, p. 66.

Observe que os exercícios propostos têm a finalidade de apresentar a teoria gramatical e o texto é utilizado como pretexto para isso. Nessa perspectiva, ler é sinônimo de decodificar (ler somente o código ou o literal); a gramática normativa é estudada a partir da metalinguagem e da memorização; e a redação é um meio para que sejam verificados erros e acertos. Trata-se de uma metodologia que revela a concepção tradicional – ou bancária, como nominou Paulo Freire – de educação, na qual o professor repassa seus conhecimentos aos alunos, cabendo a eles apenas arquivar o que ouviram ou copiaram. "Desta maneira, a educação se torna um ato de depositar, em que os educandos são os depositários e o educador o depositante" (Freire, 2000, p. 66). Nessa visão, o professor é quem ensina, sabe, pensa, disciplina, opta, prescreve, atua e escolhe o conteúdo programático. Os alunos, por sua vez, são ensinados, não sabem, escutam, são disciplinados, seguem a prescrição, têm papel passivo, não são ouvidos e devem adaptar-se às determinações do professor.

O professor paranaense Carlos Alberto Faraco (2011), no artigo intitulado "As sete pragas do ensino de português", resumiu essa metodologia. As pragas são as atividades rotineiras que caracterizariam certo tipo de ensino: a leitura não compreensiva; a leitura de textos desligados da realidade e afastados dos interesses dos alunos; as redações que objetivam unicamente a obtenção de nota; o ensino voltado para a teoria gramatical; os conteúdos programáticos inúteis; as estratégias inadequadas na correção dos textos; e a literatura tratada como estudo biográfico. Nessa perspectiva, a linguagem é tomada como um grande monumento pronto e acabado, e somente cabe aos alunos aprendê-la como tal. A escola nasce para cultivar essa linguagem correta, perfeita e atemporal. Para isso, abstrai-se a história que envolve a sociedade humana e que, portanto, também envolve a linguagem.

Em outra direção, a partir de meados da década de 1980, começaram a ser divulgadas, nas escolas brasileiras, ideias e informações oriundas da linguística aplicada – ramo da linguística que tem como objeto de estudo a linguagem em sua prática social, assim como em seus contextos de aprendizagem.

Duas referências passam a pautar as discussões sobre a aquisição da linguagem: o cognitivismo de Piaget e o construtivismo de Vygotsky.

Para Piaget (1982), todas as regras linguísticas correspondem a reflexos de estruturas cognitivas universais. O teórico suíço não toma a linguagem como objeto de interesse em si, mas a estuda na perspectiva de que ela é um veículo para compreender o aprendizado:

> Para que a criança faça uso do signo linguístico é necessário que ela "aprenda" que as coisas existem mesmo que não estejam no seu campo de visão. Assim, um dos requisitos para adquirir a linguagem é a permanência do objeto: um objeto existe mesmo que não seja visto (afinal, muitas vezes usamos uma palavra para falarmos do que não está no nosso campo de visão). O segundo pré-requisito para a aquisição da linguagem é a representação. Por exemplo, quando uma criança, no almoço, brinca com uma batata com palitos de dente espetados, fingindo ser esta uma vaca, ela está representando. (Piaget, 1982, p. 189)

Um dos aspectos linguísticos que recebeu atenção especial de Piaget (1982) foi o discurso egocêntrico, compreendido por ele como a fala da criança consigo mesma. Essa fala acontece, geralmente, em idade pré-escolar, não tem função social e, por volta dos sete anos de idade, por não ter função no pensamento, desaparece quando a criança socializa. Piaget (1982) pressupõe que há estágios para a cognição e que eles podem variar, assim como inexistir.

Já Vygotsky (1998) defende que a fala obedece ao mesmo desenvolvimento das outras operações mentais, mas, em virtude de sua função social, o papel do interlocutor é essencial nesse desenvolvimento. Para o bielorrusso, há inicialmente uma dissociação entre fala e pensamento, sendo que este apresenta outras raízes genéticas. De acordo com o autor, segundo Tiepolo e Cecatto (2013, p. 7-8),

> *Existe uma fase pré-verbal do pensamento (relacionada à inteligência prática), e uma fase pré-intelectual da fala (segundo o autor, o balbucio e o choro, por sua função social, seriam exemplos de fala sem pensamento). Por volta dos dois anos, fala e pensamento se unem e dão início ao comportamento verbal. A fala passa, então, a servir ao intelecto, e os pensamentos podem ser verbalizados. [...] Outro aspecto importante dos estudos de Vygotsky está relacionado ao uso da palavra. Segundo o autor, para a criança a palavra é parte integrante do objeto. As crianças tentam explicar os nomes dos objetos por seus atributos e trocar o nome significa trocar as características dos objetos. Para Vigotsky, a fala egocêntrica tem características e motivações diferentes do que tem para Piaget. [...] para Vygotsky, a fala egocêntrica é um instrumento de*

que a criança faz uso para buscar planejar a solução de um problema, e tende a ser interiorizada à medida que ela cresce.

Outro estudioso muito importante para a compreensão da natureza da linguagem é Bakhtin (1992). Para ele, a linguagem constitui-se em um constante processo de interação e, dessa forma, só existe em função do uso do indivíduo que fala, escreve, lê ou escuta em situações sociais de comunicação. Outra questão essencial para Bakhtin é que a língua não reside na mente do falante, nem é um sistema abstrato que paira acima das condições sociais. Ela é um trabalho empreendido em conjunto pelos falantes, é uma atividade social, é enunciação.

Assim, dominar uma língua compreende a capacidade de fazer uso dos recursos expressivos dela em suas variedades para atingir determinados objetivos comunicativos e intenções de interlocução, o que só é possível ao se levar em conta a sua dimensão discursiva (quem diz o que, com que intenções, para quem, em que momento, usando qual suporte de texto etc.). Isso é mais do que perceber a materialidade linguística: é perceber também os significados possíveis dadas as situações histórica, social e interlocutiva, que são constitutivas da significação.

Síntese

Nossa concepção de linguagem determina a ação metodológica que adotamos diariamente. Nesse sentido, não há prática neutra; devemos, portanto, estar atentos para os pressupostos teóricos – as bases científicas – que sustentam cada atividade proposta aos alunos, pois, mais do que ensinar um conteúdo, estamos ensinando uma maneira de ver e compreender o mundo. Sem isso, o professor deixa de ter autonomia intelectual e passa a ser um executor de uma metodologia que pode, inclusive, ser contrária aos objetivos que ele pretende alcançar com seus alunos.

Uma concepção que compreende a linguagem como algo externo ao sujeito, uma expressão do pensamento ou um instrumento de comunicação gera atividades de repetição de conceitos e regras prontas. Em contrapartida, quando se toma a linguagem como atividade discursiva, o texto como unidade de ensino e a noção de gramática como relativa ao conhecimento que o falante tem de sua linguagem, as atividades passam a ser voltadas para a escuta de textos orais e a leitura de textos escritos, bem como para a produção de textos orais e escritos e sua análise linguística, permitindo ao aluno ampliar sua competência discursiva progressivamente.

Para saber mais

No programa Entre Aspas, Cristovão Tezza e Marcelino Freire discutiram questões referentes ao ensino de língua portuguesa na atualidade. O debate tem cerca de 20 minutos e esclarece várias dúvidas relacionadas às polêmicas mais recentes sobre o tema.

ESCRITORES abordam o tema: o ensino de língua portuguesa no Brasil. Direção: César Seabra. 19 maio 2011. Programa Entre Aspas, exibido em 17 de maio de 2011. Disponível em: <http://www.youtube.com/watch?v=Za8mPxQTIO8>. Acesso em: 16 maio 2014.

Atividades de autoavaliação

1. Conceber a linguagem como fruto da interação humana significa dizer que:
   a. ela é um código a ser treinado por meio de exercícios mecânicos de repetição.
   b. ela só existe de fato em situações sociais expressas apenas por meio do texto.
   c. é um instrumento de comunicação externo aos sujeitos.
   d. ela é expressão do pensamento.

2. Assinale (V) para as afirmações verdadeiras e (F) para as falsas:
   ( ) Conhecer e compreender as concepções de linguagem mais recorrentes na escola e que sustentam o ensino da língua portuguesa é essencial para se fazer um trabalho coerente e consistente em sala de aula. As principais concepções presentes na escola são a tradicional, a estruturalista e a sociointeracionista.
   ( ) Cada atividade de linguagem proposta pelo docente está sustentada em princípios, especialmente das áreas da psicologia, da pedagogia e da linguística, os quais precisam ser conhecidos, explicitados e assumidos como referência em sua prática pedagógica.
   ( ) De acordo com a concepção sociointeracionista, a aula de Língua Portuguesa contempla a leitura, a gramática e a redação.
   ( ) Estudos fundamentados na linguística mostram que a linguagem é fruto da interação social e só nela constitui-se significativamente.

3. Considerando a simples e breve sentença "Ganhamos", assinale a afirmação que expressa uma análise segundo a concepção sociointeracionista:
a. A significação de "Ganhamos" vai além da materialidade linguística.
b. Trata-se de um verbo flexionado na primeira pessoa do plural que está de acordo com a norma-padrão, usada em situações formais
c. Cada vez que a sentença "Ganhamos" for proferida por um grupo, numa determinada situação histórico-política, ela se desdobrará em novos sentidos.
d. Todas as alternativas anteriores estão corretas.

4. Analise as afirmações a seguir e assinale (P) quando os conceitos nelas expostos se referirem a Piaget e (V) a Vygotsky:
( ) Todas as regras linguísticas correspondem a reflexos de estruturas cognitivas universais.
( ) O desenvolvimento da fala segue as mesmas leis de outras operações mentais.
( ) O interlocutor é essencial no desenvolvimento da linguagem.
( ) A fala da criança consigo mesma não tem função social e por volta dos sete anos tende a desaparecer.
( ) O adulto tem papel essencial no desenvolvimento da linguagem da criança.
( ) No processo de aquisição da linguagem, há estágios para a cognição que podem variar ou inexistir.

( ) Inicialmente, há uma dissociação entre fala e pensamento, os quais têm raízes genéticas diferentes. Por volta dos dois anos de idade, ambos se unem e dão início ao comportamento verbal.

( ) A fala egocêntrica é um instrumento utilizado pela criança para planejar a solução de um problema e é interiorizada à medida que a criança cresce.

5. Assinale a afirmativa que é coerente com o pensamento de Bakhtin a respeito da natureza da linguagem:

a. A linguagem só existe em função daquele que fala, escreve, lê ou escuta em situações sociais de comunicação.
b. A linguagem é um trabalho empreendido conjuntamente pelos falantes, é uma atividade social, é enunciação.
c. Dominar uma língua consiste em ser capaz de fazer uso de seus recursos expressivos em suas variedades para atingir determinados objetivos comunicativos e intenções de interlocução.
d. Todas as alternativas anteriores estão corretas.

Atividades de aprendizagem

Questões para reflexão

1. Pense nas aulas de Língua Portuguesa a que você assistiu durante o ensino fundamental e reflita: Como foram essas aulas? Em que concepção elas estavam baseadas? Qual a sua avaliação sobre a metodologia adotada pelo professor?

2. Escolha o manual do professor de um livro didático de Língua Portuguesa. Compare o que é dito nos pressupostos teóricos

sobre a concepção de linguagem adotada pelos autores no manual com as atividades propostas aos alunos. Em seguida, discuta com seus colegas se há coerência entre os pressupostos, os conteúdos e a metodologia adotada no material.

Atividade aplicada: prática

Com a ajuda de seus colegas, analise o plano de aula a seguir, explicite qual a concepção de linguagem que o sustenta e verifique se há coerência entre os objetivos, os conteúdos e a metodologia.

Objetivos

Desenvolver as expressões oral e escrita, ampliar o universo vocabular e desenvolver as habilidades de leitura.

Conteúdos

Texto narrativo; adjetivos (conceito, classificação, flexão).

Metodologia

Discutir sobre a importância da valorização da literatura oral realizada por meio de uma roda de contação de histórias. Com base nessas contações, apresentar a classe gramatical *adjetivo*. Circular, no texto, os adjetivos. Apresentar a classificação e a flexão dos adjetivos. Realizar atividades de classificação e flexão dos adjetivos utilizando frases e corrigi-las coletivamente. Pedir à turma que faça uma lista de adjetivos para formar frases com eles.

Avaliação

Teste de conhecimentos, em múltipla escolha, sobre adjetivos.

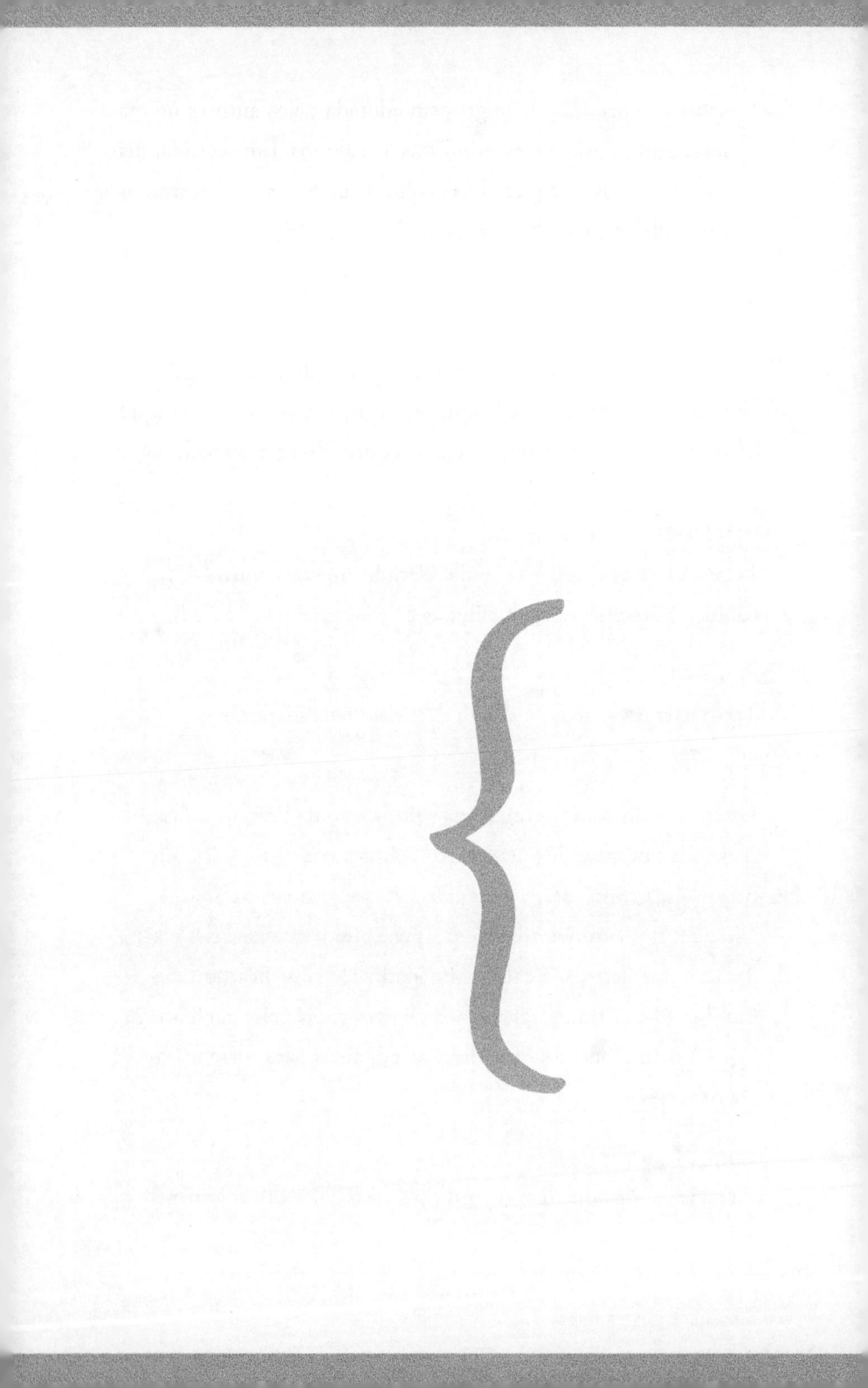

{

um	a legislação brasileira que orienta o ensino de língua portuguesa
dois	toda metodologia expressa uma concepção de linguagem (e mundo)
# três	o trabalho com a oralidade
quatro	as diferentes formas de trabalho com o texto
cinco	o estudo da norma-padrão por meio da análise linguística
seis	um gênero textual, muitas práticas com a linguagem
sete	como planejar uma aula em uma perspectiva sociointeracionista
oito	avaliar: controlar, punir ou diagnosticar?

{

❰ COMO VIMOS ATÉ aqui, a finalidade do ensino de língua portuguesa na escola é promover o desenvolvimento do aluno para o domínio prático da linguagem, sobretudo nas instâncias públicas, a fim de permitir sua inserção efetiva no mundo da escrita, ampliando suas possibilidades de participação social no exercício da cidadania. Nessa perspectiva, ao preparar um plano de aula para o trabalho com a língua portuguesa, é necessário que as práticas de oralidade, leitura e escrita estejam contempladas de maneira sistemática e equilibrada em todos os níveis de ensino. Neste capítulo, apresentaremos algumas sugestões metodológicas voltadas para o trabalho com a oralidade.

Um aspecto importante a destacar é o fato de que, como os conhecimentos prévios dos alunos precisam ser levados em consideração no estabelecimento dos objetivos e nos encaminhamentos propostos, não indicaremos os anos escolares, pois, como o texto é o ponto que centraliza as práticas, não há como predeterminar os conteúdos específicos para um ou outro ano escolar. O que se espera é que haja uma complexificação na forma de abordagem dessas práticas à medida que os alunos ganhem mais experiências com os usos da linguagem. Isso significa dizer que é possível trabalhar a coerência e a coesão de um mesmo texto em um grau de complexidade com alunos do 4º ano, por exemplo, mas espera-se que a abordagem desses mesmos aspectos seja mais aprofundada nos anos finais do ensino fundamental.

Nessa perspectiva, o trabalho com a oralidade compreende a produção de textos orais adequados à situação de uso e o respeito às diferentes variedades linguísticas do português falado.

trêspontoum
A produção oral

Segundo o Antigo Testamento, a Torre de Babel foi construída na Babilônia pelos descendentes de Noé, com a intenção de eternizar seus nomes. A ideia era fazê-la tão alta que alcançasse o céu. Porém, Deus não aprovou essa soberba e, para castigá-los, confundiu-lhes as línguas e os espalhou por toda a Terra.

Figura 3.1 – Torre de Babel

Crédito: Pieter Bruegel "O Velho"/Museum Boijmans

Há quem ache que a língua portuguesa se transformou em uma Torre de Babel porque seus falantes desrespeitam a "língua correta", empobrecendo e tornando irreconhecível a "verdadeira" flor do Lácio. Quem pensa assim desconsidera que a língua contém variedades bastante diferentes entre si e que todos os falantes, independentemente da sua variedade linguística, conseguem se entender. Do ponto de vista da linguística, ser composta por variedades é da própria natureza da linguagem. Sendo realização humana, a linguagem só poderia ser tão rica, diversificada e mutável quanto nós. Assim, todos se entendem nessa Torre de Babel, pois falam a mesma língua em suas variedades.

Em outras palavras: não há seres humanos homogêneos, portanto, nenhuma língua é homogênea. "Ela se constitui de um conjunto de variedades determinadas pela situação geográfica, histórica e social. Embora diferentes, todas as variedades prestigiadas socialmente, ou não, têm organização estrutural e respondem às necessidades linguísticas de seus falantes" (Paraná, 2013).

O professor, gramático, filólogo, linguista e dicionarista brasileiro Celso Pedro Luft (1985) afirma que a língua é o que seus falantes fizeram e fazem dela. E isso não se restringe a uma classe social ou região, por exemplo, mas significa que a língua é construída por todos que a usam.

Nessa perspectiva, a norma-padrão não é melhor ou pior do que as outras variedades da língua, apenas a mais prestigiada por ser utilizada pela classe dominante. Dominá-la significa ter acesso ao conhecimento sistematizado veiculado pelos meios de comunicação oral e impresso.

Trabalhar com a norma-padrão na oralidade é trabalhar com os diversos gêneros orais, ensinando o funcionamento e a adequação de cada caso. Em entrevista à revista *Nova Escola*, o psicólogo suíço Bernard Schneuwly (2014), considerado um dos mais importantes estudiosos do desenvolvimento da oralidade, defendeu que os gêneros da fala têm aplicação direta nos diversos campos da vida social: estudos, relações interpessoais, trabalho e política, por exemplo. Para atender às necessidades do dia a dia, os recursos usuais da fala – a linguagem corrente – são suficientes. Entretanto, se a situação é mais formal, o falante precisa lançar mão dos recursos linguísticos e dos conhecimentos extralinguísticos adequados a essa nova situação. Caso contrário, pode instalar-se uma barreira entre o falante e seus interlocutores, capaz, muitas vezes, de emudecê-lo ou constrangê-lo em situações comunicativas.

A produção oral deve acontecer e ser orientada pelo professor nas mais diversas circunstâncias. De acordo com os Parâmetros Curriculares Nacionais (PCN), essa prática pode ser realizada por meio de:

> - atividades em grupo que envolvam o planejamento e realização de pesquisas e requeiram a definição de temas, a tomada de decisões sobre encaminhamentos, a divisão de tarefas, a apresentação de resultados;
> - atividades de resolução de problemas que exijam estimativa de resultados, verbalização, comparação e confronto de procedimentos empregados;
> - atividades de produção oral de planejamento de um texto, de elaboração propriamente e de análise de sua qualidade;
> [...]

FONTE: Brasil, 1997, p. 50-51.

É necessário ensinar as características que diferenciam um gênero oral de outro, assim como o grau de formalidade, que depende do lugar social de comunicação – ou seja, é importante observar as exigências das instituições nas quais os gêneros se realizam (rádio, televisão, igreja, escritório, universidade, escola etc.). Por exemplo, as situações formais de oralidade requerem preparação prévia, considerando o nível de conhecimento do interlocutor e, se feitas em grupo, a coordenação da própria fala com a dos colegas. São procedimentos complexos que necessitam da orientação e do acompanhamento do professor.

Por isso, trabalhar com a oralidade permite a comunicação verbal entre os alunos e pratica, desse modo, as competências *falar* e *ouvir* adquiridas antes de entrarem na escola. O trabalho com a prática da oralidade objetiva levar o aluno a:

- produzir textos orais de gêneros diversos, sendo capaz de selecionar e utilizar os recursos discursivos, linguísticos, gestuais e prosódicos que caracterizam cada gênero, de acordo com os objetivos que pretende alcançar, os interlocutores e o contexto de interlocução;
- ouvir textos orais de diferentes gêneros, sendo capaz de compreendê-los, avaliando a forma dessas falas e sua adequação à situação de comunicação.

Para isso, a escola deve promover atividades sistemáticas, cuidadosamente planejadas para o desenvolvimento das habilidades de produção e recepção de textos de diferentes gêneros orais em contextos públicos mais formais, que podem ocorrer na própria sala de aula, mas também no convívio familiar, entre pares e na comunidade. Nesse contexto, Schneuwly e Dolz (2004) sugerem o trabalho sistemático com:

- Oralização da escrita – São três as formas de oralização da escrita particularmente importantes: 1) a recitação de poemas, 2) a performance teatral em suas múltiplas formas e 3) a leitura de textos para os outros. Segundo os referidos autores,

> No sentido estrito do termo, a realização dessas três atividades, que resultam, para o ouvinte, na escuta de um texto oral, não constitui uma produção de um texto num certo gênero. Mas na prática, esses eventos de linguagem são "gêneros", porque seguem regras mais ou menos precisas, codificadas, reconhecíveis. O trabalho com eles incidirá precisamente na adaptação ótima da voz ao gênero visado. (Schneuwly; Dolz, 2004, p. 173-174)

- Gêneros da comunicação pública formal – Entre os inúmeros gêneros que circulam socialmente, podemos escolher, por exemplo:
  a. os textos orais mais formalmente voltados à aprendizagem escolar, como: exposição oral de assuntos, miniaulas, seminários, relatos de experiências, entrevistas, resumo oral de um texto, discussão em grupo, debate, narrativa de um conto diante da classe, conto parodiado, fábula, lenda, aventura, relato de uma viagem, experiência vivida, testemunho, notícia, descrição de instruções de montagem, receita, regulamento, regras de jogo e instruções de uso;
  b. os textos orais que, de fato, estão presentes na vida pública, como: discurso político, debate, teatro, testemunho em uma instância oficial, conferência, homilia, entrevista jornalística e entrevista profissional.

Ainda conforme Schneuwly e Dolz (2004), podemos distinguir quatro níveis principais na produção de textos orais e escritos:

1. Representação da situação de comunicação – A escola deve ensinar o aluno a fazer uma imagem, o mais exata possível, do destinatário do texto, da finalidade, de sua própria posição como autor ou locutor do texto, bem como do gênero.
2. Elaboração de conteúdos – A escola deve ensinar o aluno técnicas que lhe permitam buscar informações e criar conteúdos.
3. Planejamento do texto – A escola precisa ensinar o aluno a estruturar (e reestruturar) seu texto conforme o objetivo que deseja atingir, o destinatário e o gênero (uma vez que cada gênero tem uma forma mais ou menos estável, convencional).
4. Realização do texto – A escola deve ensinar o aluno a escolher os meios de linguagem mais eficazes para a elaboração de textos orais ou escritos, utilizando o vocabulário e os organizadores textuais adequados a cada situação.

Outro objetivo importante no trabalho com a oralidade diz respeito ao combate ao preconceito linguístico. Muitas pessoas, mesmo escolarizadas, julgam a fala alheia e consideram-na errada, tendo como referência a escrita formal e a norma-padrão. Cabe à escola esclarecer que as partes do sistema ortográfico que têm convenção arbitrária com os sons da fala variam de dialeto para dialeto. Por isso, falantes de determinadas variedades apresentam pronúncias diferentes, que resultam em várias maneiras, todas igualmente válidas, aceitáveis e respeitáveis, de falar a língua (Lemle, 1991).

Como levar nossos alunos à compreensão de que a língua é composta por variedades? Como contribuir para a preservação da cultura não escrita e o fim da discriminação linguística? Como mostrar que o ato verbal deve se adequar às diferentes necessidades comunicativas, levando os alunos a refletirem quanto aos registros (formal e informal), às funções (informativa, persuasiva, expressiva, poética, metalinguística) e à situação de comunicação?

Alguns princípios devem estar constantemente presentes, a fim de não apenas informar, mas também sensibilizar os estudantes quanto aos diferentes usos da linguagem. É importante levar o aluno a refletir que:

- o julgamento que as variações dialetais recebem está relacionado ao prestígio social de seus falantes;
- os usos da língua, independentemente de seus mecanismos, são regidos por certas convenções;
- os modos diferentes de fala ocorrem conforme a função social, a ocasião e as circunstâncias.

Todavia, mais do que explanar essas questões, é importante que elas estejam incorporadas na fala do professor na elaboração de atividades significativas, por exemplo:

- escuta de canções e falares das mais diferentes regiões do Brasil, com pessoas de diferentes sexos, idades, profissões, formação escolar e classes sociais;
- debates sobre a discriminação linguística;
- comparações entre a fala e a escrita;
- reescrita de textos em discurso direto para o indireto;
- comparações de diferentes formas comunicativas;
- análise de entrevistas, discursos, falas em novelas e programas de televisão;
- análise da própria fala e da fala dos colegas;
- escuta de histórias.

Todas essas são atividades muito simples de serem preparadas e executadas, porém, a maioria de nós, professores, passou por uma escola que não trabalhou devidamente com a oralidade ou restringiu os momentos de fala dos alunos aos debates e às dramatizações. Por isso, o trabalho com a oralidade exige uma mudança de compreensão em relação à sua função e às variedades nas quais os alunos se expressam. E mais: talvez o primeiro desafio seja vencer o próprio preconceito linguístico.

Leia, a seguir, três sugestões de atividades que focam o trabalho com a oralidade.

Sugestão 1

Os debates são bastante comuns em nosso cotidiano, em situações sociais formais (em debates televisivos, por exemplo) e informais. Por meio deles, é possível analisar opiniões opostas, expressas em argumentos que se contrapõem e exigem que os participantes organizem suas falas em uma variedade oral diferente da coloquial. Na sala de aula, o debate é uma representação abstrata da situação de interação social objeto de estudo, pois, de acordo com Schneuwly e Dolz (2004, p. 145), "os parâmetros contextuais não estão dados pela situação imediata, mas pré-definidos [sic] institucionalmente e materializados no próprio gênero". Trata-se, como chamam os autores, de uma ficcionalização, ou seja, da representação interna e cognitiva do gênero como instrumento de interação social, que pressupõe quatro elementos da produção: o enunciador, o destinatário, a finalidade/intencionalidade e o lugar social.

Na escola, o debate é uma atividade que permite ao aluno aprender a respeitar a opinião dos colegas e a argumentar para convencer o outro. Contudo, para que isso aconteça, deve ser planejado e apresentar regras. Assim, antes do debate, o professor deve expôr o tema, o assunto ou o conteúdo que será debatido, dando tempo para que os alunos pesquisem e reflitam sobre a temática. É necessário, também, estabelecer regras, como a delimitação do tempo para cada participante argumentar, contra-argumentar, replicar ou treplicar. Deve haver um mediador (o professor ou um aluno), que irá interferir se houver transgressão ao que foi combinado. Depois de o debate ter sido realizado, a turma pode destacar o que não foi abordado, as ideias e os argumentos que ficaram vagos ou a necessidade de realizar maiores pesquisas sobre determinado aspecto. Os temas podem surgir de questões cotidianas, fatos abordados na mídia ou textos lidos pela turma, por exemplo. Esse trabalho também pode ser organizado em uma sequência didática. Veja um exemplo:

> 1. Apresentação de um texto informativo para provocar o debate.
> 2. Leitura e reflexão coletiva do texto a fim de que os alunos troquem saberes e construam argumentos sobre o tema.
> 3. Aprofundamento do tema com base em um texto de apoio.
> 4. Reflexão sobre as finalidades e a estrutura do debate e estabelecimento das regras que o orientarão.
> 5. Divisão da turma em dois grupos para cada um defender um ponto de vista.
> 6. Realização do debate.
> 7. Avaliação coletiva sobre o debate realizado.

Leia, a seguir, um exemplo de texto que poderá ser utilizado para provocar o debate.

> O que faz Chaser, uma *border collie*, ser a cadela mais inteligente do mundo? Pode ser porque ela tem um vocabulário de mais de mil palavras. Obviamente, Chaser não consegue falar, mas aprendeu a conhecer seus 1.022 brinquedos por seus nomes próprios. Isso significa que ela tem o maior vocabulário do mundo animal, incluindo, nessa conta, o famoso papagaio Alex (papagaio cinza africano que foi destaque de programas de televisão e artigos científicos por reconhecer cores,

> falar mais de 100 palavras e contar de 0 a 6; Alex morreu em 2007).
>
> Chaser foi testada por psicólogos, que queriam descobrir quantas palavras um cão consegue gravar e distinguir. Então, durante três anos, eles ensinaram Chaser a diferenciar vários brinquedos e, quando falavam o nome de alguns deles, ela deveria buscá-lo. Segundo os cientistas, por meio de técnicas de repetição, a cadela conseguiu aprender as palavras e, em testes que analisavam seu conhecimento, nunca acertou menos de 18 brinquedos em 20 tentativas.
>
> Os testes consistiam em fazer com que ela apanhasse determinado brinquedo que estivesse em outra sala apenas ouvindo seu nome e separasse, em grupos, os objetos aprendidos.
>
> Antigamente, o cachorro com maior vocabulário era Rico, um *border collie* criado na Alemanha – entretanto, ele tinha um vocabulário de apenas 200 palavras.

FONTE: Adaptado de Hype Science, 2013.

Com base na leitura desse texto informativo, o debate pode surgir em torno da questão "Os animais têm linguagem?". Com a sala dividida em dois grupos, um deles defenderá a ideia de que os animais têm linguagem e o outro grupo defenderá que apenas os seres humanos têm essa competência.

Como o texto de apoio, apresentamos o Quadro 3.1, dividido em dois pontos de vista, cujos argumentos podem ser utilizados no debate. Cada grupo poderá refletir sobre alguns argumentos prévios para que, por meio deles, sejam feitas pesquisas, ampliando o quadro.

QUADRO 3.1 – QUADRO SÍNTESE

Grupo 1: todos os animais têm linguagem	Grupo 2: apenas os seres humanos têm linguagem
Há mais de 2 mil anos, o filósofo grego Aristóteles percebeu que quando uma abelha solitária descobre uma fonte de néctar, é logo seguida por outras abelhas.	Os animais não têm linguagem. Eles repetem os mesmos sons e sinais e não criam outras formas de comunicação.
Os chipanzés são capazes de aprender a dizer palavras.	Os chimpanzés apenas decoraram algumas poucas palavras por meio de treinamento. O mesmo acontece com os papagaios.
Os chimpanzés usam ferramentas disponíveis na natureza, mudando sua função conforme a necessidade.	Os animais não criam ferramentas, mas usam materiais que servem a um único propósito e são jogadas fora após o uso.
Em um estudo com um papagaio, uma cientista americana conseguiu que ele reconhecesse uma chave, um brinquedo, um cubo, um lápis e outros objetos pelos seus nomes e os repetisse cada vez que lhe apresentassem esses objetos.	O papagaio é capaz de, por meio do adestramento, repetir uma sequência pronta.

(continua)

(Quadro 3.1 – conclusão)

Grupo 1: todos os animais têm linguagem	Grupo 2: apenas os seres humanos têm linguagem
Um cão adulto consegue alcançar os níveis intelectual e linguístico de uma criança de dois anos, em virtude de sua capacidade de aprender mais de 120 comandos de adestramento diferentes. Ele só não é capaz de verbalizar como um ser humano.	O ser humano inventa e compreende símbolos; o animal não. Mesmo que possamos afirmar que os animais utilizam uma linguagem para se comunicar, ela está longe da complexidade da linguagem humana e é baseada na repetição, não na criação de símbolos.

Um gênero textual muito provocativo para o debate são as fábulas. Isso porque elas contêm uma moral vinculada aos interesses de determinada classe social. Vejamos um exemplo.

O cão e o pedaço de carne

Um cão atravessava um riacho com um pedaço de carne na boca. Quando viu o seu reflexo na água, pensou que fosse um outro cão carregando um pedaço de carne maior. Soltou, então, o pedaço que carregava e se jogou na água para pegar o outro. Resultado: não ficou nem com um nem com outro, pois o primeiro foi levado pela correnteza e o segundo não existia.

FONTE: Fábulas, 1997, p. 10.

A turma pode ser dividida em grupos, que devem refletir algumas questões, como:

- Qual o tema da fábula?

    A fábula "O cão e o pedaço de carne" tem como tema a ambição desmedida, a ganância que leva o ser humano a querer além do que tem e do necessário. Por exemplo: uma pessoa tem uma pequena mercearia que lhe rende um bom lucro, mas deseja aumentá-lo; para tanto, encarece os preços dos produtos e, com isso, acaba perdendo muitos clientes.

- Que ditado popular pode ser usado como síntese da moral da fábula?

    O ditado popular que pode sintetizar a fábula é "Quem tudo quer, tudo perde". Ou seja: a ambição desmedida – a ganância – pode levar a pessoa a perder tudo o que conquistou. Há limites entre querer algo e lutar pelo que é justo, de forma correta, e querer algo absurdo, que está além de suas possibilidades e necessidades.

- A moral da fábula está certa?

    Toda fábula tem uma moral não universal; trata-se da moral de alguém, de uma determinada classe social, em um tempo e uma sociedade específicos. Por isso, além de discutir a moral das fábulas, é preciso ser crítico com relação às verdades consideradas absolutas e inquestionáveis.

- Muitos ditados populares contêm o caráter moralizante das fábulas. Quais são os ensinamentos morais dos ditados a seguir? Você concorda com eles?

- "Cada macaco no seu galho" – Geralmente esse ditado é usado para dizer que uma pessoa não deve se intrometer na função das outras. No entanto, às vezes isso é necessário para que determinados direitos sejam garantidos.
- "Em cavalo dado não se olha os dentes" – Esse ditado defende que devemos aceitar as coisas que nos são dadas sem realizar questionamentos. Contudo, cada pessoa deve ter o direito de aceitar ou não o que lhe é oferecido.
- "Papagaio velho não aprende a falar" – Será? Nós, seres humanos, aprendemos sempre, independentemente da idade.
- "O que os olhos não veem, o coração não sente" – Se fosse sempre assim, as pessoas poderiam fazer coisas que magoassem as outras, desde que isso fosse bem escondido.

A prática do debate na escola prepara o aluno para compreender os mecanismos que organizam esse gênero e desvelar o que há por trás das falas dos seus participantes.

Sugestão 2

Outra atividade bastante recorrente na escola é o seminário. Trata-se de uma situação comunicativa pública que prevê diferentes exposições orais articuladas, mediadas por um coordenador que, ao final, pode tentar articular as diferentes exposições procurando fornecer a melhor compreensão do tema pela audiência. Essas exposições podem ser sustentadas por recursos materiais diversos (retroprojetor, *slides*, vídeo, *data show*, músicas, fotografias, apresentações musicais e de dança e tudo o que for mais adequado para esclarecer a audiência sobre o tema), bem como por esquemas, entregues ao público, que sintetizem as principais ideias que serão focalizadas.

É importante reservar um tempo da aula para que os grupos ensaiem a apresentação. Definidos o tema e os subtemas, o grupo parte para a pesquisa, seleciona e estuda as informações, prepara os materiais visuais de apoio, esquematiza como será a apresentação (abertura, introdução do tema, desenvolvimento e finalização). Esse processo todo deve ser feito durante a aula, momento em que é possível orientar a apresentação oral a fim de chamar a atenção para a necessidade de adequar o tom de voz, permitindo que todos ouçam; articular bem as palavras; posicionar-se bem diante do público, adequar a linguagem conforme a situação (nesse caso, usar a norma-padrão); olhar para todos; e utilizar de forma correta os termos técnicos relativos ao assunto tratado.

Antes da apresentação, devem ser definidos o tempo, a ordem de apresentação, o coordenador, o posicionamento dos recursos etc. Ao final, os participantes avaliam as apresentações, usando como critérios os elementos apresentados na organização e na preparação do seminário.

Sugestão 3

Comparar fala e escrita é uma situação pedagógica que possibilita a percepção dos alunos de que a escrita segue regras ortográficas que anulam as variedades da fala. No Brasil, o português vem apresentando mudanças linguísticas que contrastam a representação lexical conhecida pelo saber linguístico de milhões de brasileiros com a representação ortográfica das mesmas palavras na convenção oficial. O Quadro 3.2 a seguir é uma reprodução dessa situação.

Quadro 3.2 – Mudanças linguísticas

Mudança linguística	Representação lexical na mente dos falantes	Representação lexical na convenção ortográfica
l > r depois de consoante	crube, afrição, prano	clube, aflição, plano
r > Ø em final de palavra	falá, amô, trabalhadô	falar, amor, trabalhador
lh > i em entre duas vogais	muié, trabaiadô, mio	mulher, trabalhador, melhor
l > r em final de sílaba	armoço, arma, fartava	almoço, alma, faltava
i > Ø em átono diante de vogal	saláro, operáro, rodoviára	salário, operário, rodoviária
l > Ø em final de palavra	arraiá, pessoá, anzó	arraial, pessoal, anzol
d > Ø depois de nasal	falano, trabaiano, sínico	falando, trabalhando, síndico

(continua)

(Quadro 3.2 – conclusão)

Mudança linguística	Representação lexical na mente dos falantes	Representação lexical na convenção ortográfica
r > Ø depois de consoante	dento, cadasto	dentro, cadastro
s > Ø em final de palavra	vinte minuto, aquelas moça, sabemo, tivemo	vinte minutos, aquelas moças, sabemos, tivemos
Ø > i depois de consoante	adivogado, adimito, atimosfera	advogado, admito, atmosfera

Legenda:
> → virou
Ø → desapareceu

FONTE: Adaptado de Lemle, 1991, p. 67.

É interessante discutir como há mais tolerância para a omissão de "s" em "vamo" e a inclusão do "i" em "adivogado", enquanto é grande o preconceito em relação à troca de "l" por "r" em "crube". Essa dubiedade na forma de julgamento tem razões sociais não linguísticas, tendo em vista que, geralmente, o próprio advogado fala "adivogado" e, em situações informais, "vamo", e apenas as pessoas das classes mais populares falam "crube". Esse tipo de reflexão contribui para que as variedades linguísticas sejam vistas como próprias da natureza da língua. Esse é um dos argumentos utilizados para combater o preconceito linguístico e lutar para que os falantes não sejam menosprezados por usarem essa ou aquela variedade.

Além disso, é importante chamar a atenção dos alunos para o fato de que a língua escrita também varia, mesmo que de forma mais lenta. Um exemplo bem evidente é a introdução da letra F no lugar do PH; outro é a incorporação de palavras, como *deletar*, ou de novos sentidos para palavras existentes, como o que aconteceu com a palavra *postar*.

O linguísta Marcos Bagno fala das razões que geram intolerância em relação às variedades linguísticas. Autor de *Preconceito linguístico: o que é, como se faz* (2000), Bagno escolheu para capa do seu livro uma foto que deflagrasse a reflexão desse tema.

Figura 3.2 – Capa do livro *Preconceito linguístico...* (2000)

De acordo com Bagno (2000, p. 11-12),

> *A capa deste livro tem uma história que merece ser contada. As pessoas ali fotografadas são minha sogra, Alice Francisca, meu sogro, José Alexandre, e meu cunhado mais novo, Sóstens, cerca de vinte anos atrás. Como este é um livro que trata de discriminação e exclusão, decidi homenagear meus sogros que são, como costumo dizer, um "prato cheio" para alguns dos preconceitos mais vigorosos de nossa sociedade: negros, nordestinos, pobres, analfabetos. Alice Francisca também carrega o estigma de ser mulher numa cultura entranhadamente machista. Aprender a amar essas pessoas pelo que elas são, deixando de lado todos os rótulos discriminadores que tentam classificá-las em categorias supostamente inferiores às que eu e pessoas de minha extração social ocupamos, tem sido uma lição fundamental para toda minha vida pessoal e profissional.*

Trabalhar com a prática da oralidade, antes de tudo, exige do professor o esforço em deixar de lado todos os rótulos discriminadores que, muitas vezes, ele próprio carrega. Além disso, é preciso dar espaço para o trabalho com a oralidade entendendo que, apesar de aprendermos a falar antes de entrar na escola, é nela que temos a oportunidade de compreender como utilizar a linguagem oral nas diversas situações comunicativas – especialmente nas mais formais, nas quais a linguagem informal, aprendida em casa, nem sempre é a mais adequada.

Para saber mais

No livro *Preconceito linguístico: o que é, como se faz*, Marcos Bagno incorpora as discussões e as propostas das ciências da linguagem e da educação e defende uma educação linguística voltada para a inclusão social, o reconhecimento e a valorização da diversidade cultural brasileira. Ele também apresenta o que chama de "dez cisões para um ensino mais consciente e menos preconceituoso" (Bagno, 2000):

1. Conscientizar-se de que todo falante nativo de uma língua é um usuário competente dela.
2. Não existe erro de português. Existem diferentes gramáticas para as diferentes variedades do português.
3. Não se deve confundir erro de português (que, afinal, não existe) com simples erro de ortografia.
4. Tudo o que os gramáticos conservadores chamam de *erro* é, na verdade, um fenômeno que tem uma explicação científica perfeitamente demonstrável.
5. Toda língua muda e varia.
6. A língua portuguesa está sempre se transformando segundo suas próprias tendências.
7. Respeitar a variedade linguística de uma pessoa é respeitar sua integridade física e espiritual como ser humano digno de respeito.
8. A língua nos constitui como seres humanos.
9. Todos os professores precisam da língua portuguesa para mediar o conhecimento.
10. Ensinar bem é valorizar o saber intuitivo do aluno e não querer suprimir autoritariamente sua língua materna.

Indicação cultural

Ouça a música "Zazulejo", do grupo O Teatro Mágico. É uma forma interessante de pensar sobre o preconceito linguístico pelo viés da poesia. Veja alguns trechos da canção:

> Quando for fazer compras no Gadefour:
> Omovedor ajactu, sucritcho, leite dilatado, leite intregal,
> Pra chegar na bioténica, rua de parelepídico
> Pra ligar da dorroviária, telefone cedular
> [...]
> Quando alguém te disser tá errado ou errada
> Que não vai S na cebola e não vai S em feliz
> Que o X pode ter som de Z e o CH pode ter som de X
> Acredito que errado é aquele que fala correto e não vive o que diz
> [...]
> É com muito prazer que eu convido agora todos aqueles que estão ouvindo esta canção
> Para entoar em uníssono o cântico:
> Omovedor, carejangrejo
> Vamos aquecer a nossa voz cantando assim:
> Iô, iô, iô. Iô, iô, iô, iô, canto:
> omovedor, carejangrejo, omovedor, carejangrejo [...]

FONTE: Anitelli, 2003.

Síntese

A prática da oralidade deve ser prevista de forma sistemática no planejamento das atividades de Língua Portuguesa. Os principais objetivos desse trabalho são mostrar aos alunos o uso adequado das diferentes variedades linguísticas nas situações sociais de uso e criar uma cultura de valorização da linguagem oral, que permita a luta contra o preconceito linguístico.

Atividades de autoavaliação

1. Na fala, ouvimos, por exemplo, "nóis vamo" e "nóis vai". Ambas as formas não reproduzem a escrita ortográfica, mas, pelo viés do preconceito linguístico, podemos afirmar que a primeira ocorrência é menos estigmatizada do que a segunda. Isso acontece, possivelmente, porque:
   a. algumas variedades são mais aceitas do que outras.
   b. variedades que não obedecem à regra de concordância verbal da variedade padrão são mais estigmatizadas.
   c. "nóis vamo" é uma forma comum também entre pessoas escolarizadas.
   d. Todas as alternativas estão corretas.

2. O linguista italiano Maurizio Gnerre (1985, p. 4) afirma que "Uma variedade linguística 'vale' o que 'valem' na sociedade os seus falantes". Isso significa que:
   a. o valor das variedades linguísticas é reflexo do poder e da autoridade nas relações econômicas e sociais de quem as utiliza.

b. todas as variedades linguísticas são valorizadas socialmente.
c. a variedade caipira é considerada errada, mas isso nada tem a ver com o preconceito existente em relação aos povos do campo.
d. O preconceito linguístico é gerado pelo fato de que algumas variedades linguísticas são erradas, pois são faladas por pessoas sem escolarização.

3. Segundo Sírio Possenti (1996, p. 29), "Os grupos que falam uma língua ou dialeto em geral julgam a fala dos outros a partir da sua e acabam considerando que a diferença é um defeito ou um erro". Nesse sentido, podemos afirmar que o preconceito linguístico é consequência:
a. do desconhecimento do fato de não haver variedade melhor ou pior, visto que todas são linguisticamente equivalentes.
b. do preconceito relacionado à classe social dos falantes.
c. do desconhecimento de que a norma-padrão não é melhor ou pior do que as outras variedades.
d. Todas as alternativas estão corretas.

4. Assinale (V) para as afirmativas verdadeiras e (F) para as falsas:
( ) Todos os falantes nativos de uma língua são competentes no uso dela.
( ) Todas as variedades linguísticas apresentam uma gramática interna que as "organiza".
( ) A variação é uma característica intrínseca de todas as línguas.
( ) Ao ensinar a norma-padrão não é necessário suprimir autoritariamente a variedade linguística falada pelo aluno.

5. Em entrevista, o gramático Evanildo Bechara (2011, p. 24) afirmou que

> Não resta dúvida de que ela [a gramática normativa] é um componente determinante de ascensão social. Qualquer pessoa dotada de mínima inteligência sabe que precisa aprender a norma culta para almejar melhores oportunidades. Privar cidadãos disso é o mesmo que lhes negar a chance de progredir na vida.

A afirmação de Bechara revela sua concepção de que:

a. o sistema linguístico concretiza-se mediante um amplo leque de variações geográficas, sociais e históricas e há contextos em que as condições de produção e recepção demandam o uso do padrão culto da língua.

b. uma língua é um organismo vivo, dinâmico, sujeito a alterações decorrentes dos usos praticados por falantes cultos e escolarizados, em todos os componentes do sistema linguístico: fonético, léxical, morfológico e sintático.

c. a norma-padrão é a única forma de linguagem correta, e não dominá-la explica e justifica o fato de as pessoas que não a dominam serem excluídas do mercado de trabalho e sofrerem preconceito linguístico.

d. as variações linguísticas são inerentes a qualquer língua e devem ser respeitadas quando a escola trabalha com a norma-padrão.

Atividades de aprendizagem

Questão para reflexão

Segundo Luís Antônio Barreto (2005):

Em algumas sociedades africanas era comum ouvir-se, quando morria um velho, que morria uma biblioteca. Porque o conhecimento, tanto o de natureza histórica, como o das relações jurídicas, sobrevivia acomodado na cabeça das pessoas, como referência à qual era possível recorrer, sempre que necessário. A oralidade possui, então, a força da herança, que não se altera com a simples troca da vigência moral dos fatos. A oralidade conserva, como reforço à Pedagogia da Exemplaridade, os valores, nos quais e com os quais os grupos sociais moldam e mantêm as suas relações de interesses. Além disso, a oralidade tem sido, em todo o mundo, grande parceira da história. Uma completa a outra. A história, como a ciência do homem, condutora do destino humano, produzindo uma experiência, nutre a cultura.

Escreva um texto no qual você recupere os conhecimentos, em sua formação, que tiveram origem na transmissão oral, analisando a importância deles em sua vida pessoal e profissional.

Atividade aplicada: prática

Nem todas as variações linguísticas têm prestígio social no Brasil. O grande poeta nordestino Patativa do Assaré versa sobre isso:

> O poeta da roça
>
> Sou fio das mata, canto da mão grossa,
> Trabáio na roça, de inverno e de estio.
> A minha chupana é tapada de barro,
> Só fumo cigarro de paia de mío.
>
> Sou poeta das brenha, não faço o papé
> De argun menestré, ou errante cantô
> [...]
>
> Meu verso rastero, singelo e sem graça,
> Não entra na praça, no rico salão,
> Meu verso só entra no campo e na roça
> Nas pobre paioça, da serra ao sertão. [...]

FONTE: Assaré, 1990, p. 67.

Pesquise se a poesia popular está presente em livros didáticos. Que autores são contemplados? De que forma o trabalho com o texto é realizado? Com que objetivos?

Compare suas conclusões com as dos seus colegas e escreva uma síntese coletiva sobre as observações e as conclusões a que vocês chegaram.

{

um	a legislação brasileira que orienta o ensino de língua portuguesa
dois	toda metodologia expressa uma concepção de linguagem (e mundo)
três	o trabalho com a oralidade
# quatro	**as diferentes formas de trabalho com o texto**
cinco	o estudo da norma-padrão por meio da análise linguística
seis	um gênero textual, muitas práticas com a linguagem
sete	como planejar uma aula em uma perspectiva sociointeracionista
oito	avaliar: controlar, punir ou diagnosticar?

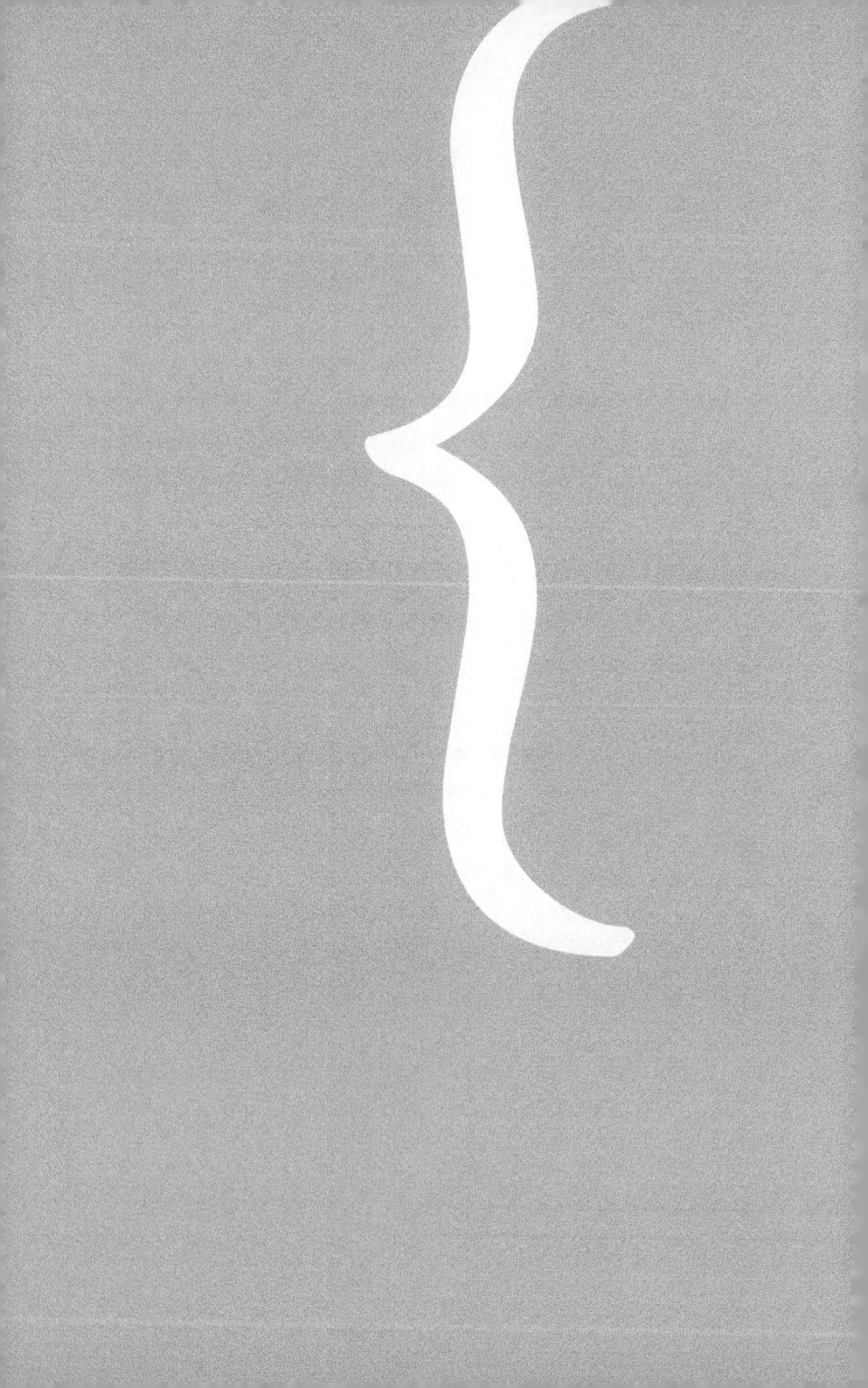

❰ EM RELAÇÃO À escrita, podemos dizer que uma sequência de frases pode ser considerada um texto? O que faz um texto ser bom? Tudo que lemos e escrevemos pode ser considerado texto? Todo texto é ideológico, no sentido de expressar uma visão de mundo? É sobre essas questões que trataremos neste capítulo.

quatropontoum
O que é texto?

Um dos princípios básicos de um texto é que há sempre um contexto no qual o que é dito ou escrito está inserido. Vejamos alguns exemplos:

> a. Apenas quem conhece a imagem bíblica da Torre de Babel compreende frases como "Nossa economia é uma Babel." ou "A língua portuguesa é uma Babel.".
> b. Quem se lembra do movimento dos estudantes que, entre agosto e outubro de 1992, tomaram as ruas das principais cidades para exigir o *impeachment* do então presidente da república Fernando Collor poderá concordar ou não com a seguinte afirmação, dita no ano de 2013: "Os caras-pintadas voltaram às ruas. E não foi pelos R$ 0,20.".
> c. Somente quem estava na sala de aula e viu o aluno que sempre dizia "Odeio ler!" pedindo para ir à biblioteca entendeu a exclamação "Que milagre!" feita pela professora.

Outra consideração a ser feita é a de que todo texto "contém um pronunciamento dentro de um debate de escala mais ampla" (Fiorin; Savioli, 2007, p. 13). Portanto, o texto manifesta um posicionamento diante de uma questão qualquer. Por exemplo, em abril de 2008, a *Folha de S. Paulo* publicou o seguinte texto:

Caras-pintadas deram sopro para o movimento estudantil

Os movimentos estudantis voltaram a ganhar força em 1992, quando milhares de jovens saíram às ruas para pedir o *impeachment* do então presidente Fernando Collor. Esses estudantes ficaram conhecidos como caras-pintadas.

No entanto, a própria musa dos caras-pintadas tem críticas à atuação da União Nacional dos Estudantes (UNE). "A maioria das passeatas foi organizadas pela UNE, mas ela agia como se as manifestações pertencessem a ela, e não ao povo", diz Cecília Lotufo, uma das primeiras estudantes a pintar a palavra *fora* no rosto. "Os dirigentes da UNE só queriam falar de si mesmos, então comecei a questionar essa postura em público."

Ela se lembra do momento em que chegou a ser ameaçada. "Alguns líderes da UNE me ligaram em casa mandando eu tomar cuidado com o que dizia."

Para Lotufo – hoje com 33 anos –, nem todos os jovens que participavam das passeatas dos caras-pintadas eram engajados na política. "Depois que as passeatas ganharam os jornais, muitos estudantes participavam delas só para matar aula."

FONTE: Adaptado de Sobrinho, 2008.

No ano de 2008, data de publicação do texto, foram feitas várias comemorações para celebrar o Maio de 1968, que representou um momento muito importante do movimento estudantil no mundo, além de ter sido o auge de intensas transformações políticas e comportamentais que marcaram a segunda metade do século XX no Ocidente. Naquela época, as rebeliões estudantis em algumas universidades e escolas de ensino secundário em Paris se estenderam para outras universidades da Europa, dos Estados Unidos e da América Latina. Portanto, que relação o jornal quer estabelecer entre o Maio de 1968 e o movimento dos caras-pintadas? Por que escolheu, para falar dos caras-pintadas, uma pessoa que, anos depois, faz uma crítica ao movimento? As respostas a essas questões, que estão nas entrelinhas do texto, levam-nos a concluir que mais do que relatar um fato, o jornal induz o leitor a considerar tanto o movimento dos caras-pintadas quanto o Maio de 1968 manifestações de arroubos de jovens inconsequentes, despolitizados, que queriam "matar aula". Dessa forma, esse texto específico faz interlocução com outros e expressa uma voz nesse conjunto de vozes.

Leia, a seguir, sobre outro movimento que levou, inicialmente, os jovens às ruas em 2013.

Protestos lembram manifestações históricas do país

'Diretas Já' e 'Fora, Collor' também mobilizaram milhares de brasileiros

Uma série de manifestações no país mobilizou milhares de pessoas em mais de dez capitais e diversas cidades. Os movimentos fizeram lembrar os dois principais atos ocorridos no Brasil: as *Diretas Já*, ocorrida entre 1983 e 1984 e o *Fora, Collor*,

> dos caras-pintadas, realizado ao longo do ano de 1992. Ambas as manifestações eram claramente contra governos desgastados e tinham objetivos definidos: o restabelecimento das eleições diretas e o *impeachment* do então presidente Fernando Collor.

FONTE: Adaptado de Marini, 2013.

Novamente, é preciso que o leitor tenha conhecimentos prévios sobre os caras-pintadas de 1992 para compreender a relação feita com os manifestantes de 2013. Esse texto ainda compara os recentes protestos com as Diretas Já. Além disso, os exemplos de manifestações dados pelo autor do texto ressaltam o caráter político da ação, numa visão bem diferente do texto anterior, de 2008.

O mesmo fato é visto com outro olhar no texto "Não é pelos 20 centavos, claro! Ainda bem! Vejam o preço da cerveja e dos smartphones...", escrito por Reinaldo Azevedo*. Nele, o autor ironiza as reinvindicações dos manifestantes, levantando suposições acerca da situação financeira deles, e defende que considerá-los representantes do povo seria uma "fraude jornalística" (Azevedo, 2013). Fica evidente a tentativa de desqualificar o movimento. Para os leitores mais atentos, o fato de o texto ter sido publicado na revista *Veja* já indica que a abordagem seja mesmo essa, uma vez que essa revista é famosa por suas posições

---

* Você pode ler o texto de Reinaldo Azevedo acessando o *link* a seguir:
<http://veja.abril.com.br/blog/reinaldo/geral/nao-e-pelos-20-centavos-claro-ainda-bem-vejam-o-preco-da-cerveja-e-os-smartphones/>.

conservadoras. De qualquer forma, esse texto mostra-se ainda mais preconceituoso hoje, mas, na época em que foi publicado, talvez tenha sido reproduzido sem que o leitor percebesse que a "fraude jornalística" era o próprio texto que estava lendo.

Esses exemplos mostram como o contexto de produção constitui os significados, ou seja, de acordo com Fulgêncio e Liberato (1992, p. 27-28),

> *o significado não é computado somente através dos elementos explícitos do texto, e geralmente a informação literal de um texto não exprime tudo que o autor tem intenção de comunicar. No processo de comunicação através da linguagem é necessário que o leitor (ouvinte) acrescente ao texto uma série de conhecimentos que ele mesmo já possui, de forma a poder estabelecer uma ligação ou uma ponte entre os elementos linguísticos realmente presentes, integrando as informações, e dando coerência ao enunciado. É como se o leitor estivesse, a todo tempo, lendo nas entrelinhas. Para se entender a linguagem é preciso inferir diversas informações que não estão mencionadas explicitamente, mas que são absolutamente imprescindíveis para se poder entender a mensagem. A compreensão da linguagem é então um verdadeiro jogo entre aquilo que está explícito no texto (que é percebido, em parte previsto) e entre aquilo que o leitor insere no texto por conta própria, a partir de inferências que faz, baseado no seu conhecimento do mundo.*

Outra característica do texto é que ele apresenta duas dimensões: a coerência e a coesão. Essas duas dimensões estão intrinsecamente amarradas e uma é dependente e consequente da outra. São vários os processos pelos quais as conexões entre as partes de um texto podem ser feitas, e saber ler e escrever significa dominá-las. Veja o seguinte exemplo:

> Pedro e João adoram ver jogo de futebol juntos. Apesar disso, são diferentes. Este não briga com aquele, que torce para o time contrário ao seu.

Nesse caso, o termo *disso* retoma o predicado *adoram ver jogo de futebol juntos*; *este* recupera a palavra *João*; *aquele* retoma *Pedro*; *seu* se refere a *time de Pedro*. Ou seja, os termos *disso*, *este*, *aquele* e *seu* desempenham a função de (re)ativar seus referentes por meio de pronomes. Esse processo pode ser realizado também por meio de numerais, advérbios e artigos. Trata-se da re-missão anafórica (ou seja, para trás).

Agora, observe este outro exemplo:

> Qualquer que tivesse sido sua atividade anterior, ela a abandonara, mudara de rumo e passara a trabalhar como autônoma: era tudo o que sabíamos da moça que trabalhava na rua lá de casa.

Diferente do exemplo anterior, temos agora uma remissão para frente, pois os pronomes *sua* e *ela* antecipam a palavra *moça*.

Trata-se da remissão catafórica, que pode ser feita por pronomes (muitas vezes, demonstrativos e indefinidos), nomes genéricos, advérbios e numerais.

Há também outras formas de garantir a coesão, por exemplo:

a. substituição de palavras com o emprego de sinônimos ou expressões de mesmo campo semântico;
b. nominalização, que consiste na substituição de um verbo por substantivo ou adjetivo correspondente (sofrer/sofrimento; viver/vivível);
c. repetição de palavras com a mesma função ou funções diferentes, mas que geram redundância, ou de palavras com diferentes funções, mas que não geram redundância;
d. utilização de hipônimos, termos que indicam a relação estabelecida com base na maior especificidade do significado de um deles. Por exemplo, cadeira (mais específico) e móvel (mais genérico);
e. utilização de hiperônimos, que estabelecem relações de um termo de sentido mais amplo com outros de sentido mais específico. Por exemplo, felino está numa relação de hiperonímia com gato;
f. omissão (eclipse) de um termo facilmente identificável pelo contexto;
g. utilização de dêiticos, elementos linguísticos que têm a propriedade de fazer referência ao contexto situacional ou ao próprio discurso. Exercem essa função de progressão textual, dada sua característica – são elementos que não significam, apenas indicam, remetem aos componentes da

situação comunicativa. Por exemplo, em um bilhete com a mensagem "Eu quero que você vá hoje ao meu escritório", a palavra *hoje* perde o sentido se não houver um referencial da data em que o bilhete foi escrito; também o pronome *eu* deve estar explícito no contexto, caso contrário, não se sabe a quem se refere. Por isso, diz-se que o termo *dêixis* significa "apontar para".

Muitas vezes, o mau uso dos elementos de coesão leva um texto à incoerência. Observe os exemplos:

> - Estão derrubando a floresta, por isso os animais conseguem sobreviver.
> - Todo mundo viu o elefante, mas eu não ouvi o cachorro latir.
> - Pode-se perceber que a falta de investimentos na saúde pública é um dos principais problemas do Brasil. O governo prometeu e cumpriu: trouxe várias melhorias nos postos de saúde, o que melhorou a situação.

Estabelecer correspondências lógicas entre as ideias do texto exige conhecimento do assunto, de mundo e da língua. Além disso, de acordo com Koch e Travaglia (1995), a coerência de um texto está relacionada à:

- situacionalidade: um texto pode ser coerente em uma situação e não ser em outra;
- informatividade: grau de previsibilidade das informações contidas no texto;

- focalização: concentração dos usuários em apenas uma parte do seu conhecimento e com a perspectiva da qual são vistos os componentes do mundo textual;
- intertextualidade: referência explícita ou implícita de um texto em outro;
- intencionalidade: modo como os interlocutores usam textos para realizar suas intenções;
- argumentatividade: manifestação de argumentos por meio de uma série de marcas ou pistas que orientam os seus enunciados no sentido de determinadas conclusões;
- consistência: exigência de que cada enunciado de um texto seja consistente com os enunciados anteriores.

quatropontodois
Os gêneros textuais

São muitas as situações comunicativas que levam à produção de textos: falar em público em situações formais ou informais, escrever uma carta de apresentação ou de amor, um *e-mail* pessoal ou profissional, um relatório, um cartão cumprimentando alguém ou um texto em uma prova. Bakhtin é uma das principais referências quando falamos de gêneros textuais. Conforme Schneuwly e Dolz (2004), a posição desse autor pode ser assim resumida:

> - Cada esfera de troca social elabora tipos relativamente estáveis de enunciados – os gêneros.
> - Três elementos os caracterizam (conteúdo temático, estilo e construção composicional).
> - A escolha de um gênero se determina pela esfera, pelas necessidades da temática, pelo conjunto dos participantes e pela vontade enunciativa ou intenção do locutor.

Como se estabelecem pelos usos sociais da linguagem, os gêneros textuais estão sempre se renovando. Por exemplo, as cartas tradicionais ganham hoje outra configuração com o advento da internet, os textos publicitários incorporam cada vez mais recursos literários, a literatura usa recursos jornalísticos e vice-versa, e assim por diante. Muitos autores têm estudado essa questão, auxiliando no trabalho com textos na escola. Contudo, não há um consenso quanto à classificação dos gêneros textuais, mesmo que as condições de produção dos textos sejam determinantes para a classificação desses gêneros. Schneuwly e Dolz (2004) propõem uma divisão de acordo com as semelhanças que as situações de produção dos gêneros possuem. No Quadro 4.1 a seguir foram incluídos alguns gêneros comuns socialmente:

Quadro 4.1 – Exemplos de gêneros textuais

Agrupamentos	Gêneros textuais
Argumentar	Editorial, carta de reclamação, artigo de opinião, ensaio argumentativo, debate regrado, resenha crítica, crônica jornalística etc.
Expor	Conferência, palestra, resumo de texto expositivo, seminário, verbete de enciclopédia, comunicação oral, relatório científico, artigos, entrevistas de especialistas, relatórios científicos, relatórios de aulas-visitas, das descobertas e de observação, relatos de experiência, tomadas de notas, texto explicativo, resumo de textos expositivos e explicativos etc.
Instruir	Receita, regulamento, regra de jogo, manual de instrução, regimento, mandamento etc.
Narrar	Lenda, romance, fábula, novela, biografia, conto de aventura, conto de fadas, crônica literária, adivinha, piada, ficção científica, biografia romanceada, epopeia etc.
Relatar	Notícia, reportagem, anedota, caso, diário íntimo, testemunho, currículo, relato histórico, de viagem e policial etc.

FONTE: Adaptado de Schneuwly; Dolz, 2004, p. 76.

Há outras formas de classificação, mas o importante é trabalhar as características dos gêneros textuais, pois, quando falamos, escrevemos ou ouvimos um texto, fazemos a sua antecipação a partir do conhecimento prévio que temos sobre os gêneros. Por exemplo, o leitor lerá um romance sabendo que este pertence à cultura literária ficcional e que será por meio da criação da intriga no domínio verossímil que o texto se constituirá. Além disso, se souber que esse gênero é constituído de enredo, personagens, tempo, espaço e ação, ao ler o texto terá feito uma série de interações com ele antes mesmo da leitura, essenciais na construção do sentido. Então, quanto maior o contato com os diferentes gêneros textuais, maior será a capacidade do leitor de identificar os mecanismos linguísticos e extralinguísticos, refletir sobre eles e atribuir sentido ao que lê.

quatropontotrês
Ler não é decodificar

Ao contrário da decodificação (ler o código e o literal), a leitura é determinada por uma série de fatores extralinguísticos, como:

- a história social e psicológica de cada leitor, suas expectativas e interesses;
- a situação em que o leitor se encontra enquanto lê;
- as relações com outras formas de linguagem, como as canções, a pintura, a dança e as alegorias do folclore.

A leitura é uma atividade que exige um sujeito ativo, que lance mão não só de seus conhecimentos linguísticos, mas das suas experiências socioculturais e intertextuais. Assim pensando, a interpretação de um texto certamente varia de acordo com a caminhada de cada leitor e suas experiências pessoais. Ou, como bem traduziu o poeta paranaense Paulo Leminski,

> **Ler pelo não**
>
> Ler pelo não, quem dera!
> Em cada ausência, sentir o cheiro forte
> do corpo que se foi,
> a coisa que se espera.
> Ler pelo não, além da letra,
> ver, em cada rima vera, a prima pedra,
> onde a forma perdida
> procura seus etcéteras.
> Desler, tresler, contraler,
> enlear-se nos ritmos da matéria,
> no fora, ver o dentro e, no dentro, o fora,
> navegar em direção às Índias
> e descobrir a América.

FONTE: Leminski, 1983, p. 17.

Nesse sentido, cabe ao professor construir as pontes entre o que os alunos conhecem e o que não conhecem; apresentar o contexto de produção do texto a ser lido (quem escreveu, quando, onde foi publicado); explicitar as convenções próprias de cada tipo de texto; criar espaços de diálogo entre os diferentes leitores do mesmo texto. Além disso, é importante que a escola ofereça bons textos, proponha a leitura colaborativa de gêneros diversos, organize uma rotina de empréstimos de textos e frequência de leitura, enfim, crie situações significativas nas quais os alunos possam vivenciar o que é ser leitor.

Diferentemente de como aprendemos a falar – em situações informais e sem a necessidade de profissionais especializados para isso (salvo em caso de alguma patologia) –, para ler precisamos da escola para adquirir diferentes habilidades, que necessitam ser trabalhadas sistematicamente, de maneira cada vez mais aprofundada no percurso escolar. Para delimitar algumas dessas habilidades, podemos usar como referência os descritores da Prova Brasil para o 9º ano (Prova..., 2009):

- localizar informações explícitas;
- estabelecer relações entre partes de um texto;
- inferir o sentido de uma palavra ou expressão;
- inferir uma informação implícita em um texto;
- interpretar o texto com auxílio de material gráfico diverso;
- identificar o tema de um texto;
- identificar o conflito gerador do enredo e os elementos que constroem a narrativa;
- estabelecer a relação de causa e consequência entre partes e elementos do texto;
- identificar a finalidade de textos de gêneros diferentes;
- identificar as marcas linguísticas que evidenciam o locutor e o interlocutor de um texto;
- distinguir um fato da opinião relativa a esse fato;
- estabelecer relações lógico-discursivas presentes no texto, marcadas por conjunções, advérbio etc.;
- identificar efeitos de ironia ou humor em textos variados;

- identificar o efeito de sentido decorrente do uso da pontuação e de outras notações;
- reconhecer diferentes formas de tratar a informação na comparação de textos que tratam do mesmo tema, em função das condições em que foram produzidos e daquelas em que serão recebidos.

O desenvolvimento dessas habilidades não acontece de forma linear e semelhante para todos os leitores, mas depende da história escolar e de vida de cada um. Por isso, será preciso

> *oferecer as condições para que o leitor possa produzir sua leitura, dando-lhe oportunidade de conhecer a história de leituras do texto e desenvolver sua própria história de leituras. O professor deve, quando necessário, estabelecer as relações entre os diferentes textos, resgatando a história dos sentidos do texto, sem obstruir para o aluno o curso da história (futura) desses sentidos. Pode comparar as várias leituras de um mesmo texto [...] Ele deve colocar desafios à compreensibilidade do aluno sem deixar de lhe propiciar as condições para que esse desafio seja assumido de forma consequente. Quanto a este [sic] aspecto, é importante que o professor contribua para que o aluno possa ter familiaridade com um repertório não só grande, mas sobretudo diversificado de textos. Seria desnecessário lembrar que o professor não deve perder de vista que essa história de leituras do aluno não é necessariamente igual a sua.* (Orlandi, 1993, p. 9)

Ler é uma atividade reflexiva, pois nosso cérebro atua para além dos sinais gráficos impressos no papel. Vamos fazer um teste para comprovar isso? Tente ler o texto a seguir:

> 35T3 P3QU3N0 T3XTO 53RV3 4P3N45 P4R4 M05TR4R COMO NO554 C4B3Ç4 CONS3GU3 F4Z3R CO1545 1MPR3551ON4NT35! R3P4R3 N1550! NO COM3ÇO 35T4V4 M310 COMPL1C4DO, M45 N35T4 L1NH4 SU4 M3NT3 V41 D3C1FR4NDO O CÓD1GO QU453 4UTOM4T1C4M3NT3, S3M PR3C154R P3N54R MU1TO.

Se, em um primeiro momento, você sentiu alguma estranheza em relação aos caracteres, muito rapidamente seu cérebro reconfigurou os números em letras e você conseguiu ler o texto, não é? Um exemplo semelhante é o fato de que crianças em alfabetização costumam adaptar letras faltantes em um alfabeto móvel, fazendo trocas e inversões (W vira M, L vira T, V vira A etc.).

Outra questão a ser considerada é a importância de entender a leitura não apenas do ponto de vista verbal, pois

> *a relação do aluno com o universo simbólico não se dá apenas por uma via verbal; ele opera com todas as formas de linguagem na sua relação com o mundo. Se considerarmos a linguagem não apenas como transmissão de informação, mas como mediadora (transformadora) entre o homem e sua realidade natural e social, a leitura deve ser considerada no seu*

aspecto mais consequente, que não é o de mera decodificação, mas o de compreensão. Dessa forma, o processo de compreensão de um texto certamente não exclui a articulação entre as várias linguagens que constituem o universo simbólico. Dito de outra maneira: o aluno traz para a leitura a sua experiência discursiva, que inclui sua relação com todas as formas de linguagem. A escola, no entanto, evita, escrupulosamente, incluir em sua reflexão metodológica e em sua prática pedagógica a consideração de outras formas de linguagem que não a verbal e, no âmbito dessa, da mais valor à escrita que à oralidade. (Orlandi, 1993, p. 38)

Na escola, porém, muitas vezes a leitura é entendida como um processo mecânico e linear. E o resultado disso tem se mostrado em diferentes pesquisas realizadas com os aluno. De acordo com a avaliação do Programa Internacional de Avaliação de Alunos (Pisa), pesquisa realizada em 2013, os estudantes brasileiros ficaram em 55º lugar no *ranking* de leitura entre 65 países (Pisa..., 2013). Outra pesquisa, feita pelo Indicador de Alfabetismo Funcional (Inaf), no período de 2011 a 2012, indica que apenas 26% da população pode ser considerada plenamente alfabetizada; os chamados *analfabetos funcionais* representam 27% e a maior parte (47%) da população apresenta um nível de alfabetização básico. Esses resultados mostram que a escola não tem conseguido progressos visíveis no alcance do pleno domínio de habilidades que são hoje condição imprescindível para a inserção plena na sociedade letrada. Entre outras causas, está o fato de a leitura ser trabalhada na perspectiva da decodificação, visto que a maioria daqueles que passam pela escola leem e compreendem textos de média extensão, localizam informações com pequenas inferências, mas quem lê textos mais longos, analisa e relaciona suas partes, compara e avalia informações, distingue fato de opinião, realiza inferências e sínteses é a minoria.

Fica a pergunta para nós, professores: em que medida a nossa falta de clareza em compreender a leitura como atribuição de sentidos, portanto, uma atividade reflexiva, compromete o percurso do aluno na escola, afastando-o da leitura por meio de atividades mecânicas de decodificação?

Para saber mais

Para aprofundar a compreensão do ato da leitura, recomendamos as seguintes obras:

LERNER, D. Ler e escrever na escola: o real, o possível e o necessário. Porto Alegre: Artmed, 2005.

SCHNEUWLY, B.; DOLZ, J. Gêneros orais e escritos na escola. Tradução de Roxane Rojo e Glaís Sales Cordeiro. Campinas: Mercado de Letras, 2004.

SOLE, I. Estratégias de leitura. Porto Alegre: Artmed, 1998.

quatropontoquatro
Sugestões para o trabalho com a leitura

Ler é muito mais do que saber juntar letras em palavras, frases e parágrafos. É perceber que em todo texto há alguém, em um determinado tempo e lugar, que expressa suas visões de mundo. Paulo Freire (2000) afirma que para ler senta-se, simbolicamente, em uma cadeira e convida o autor, não importa qual, a travar com ele um diálogo. Como mediar esse diálogo entre o texto e seu leitor se este não tiver autonomia para interagir sozinho com o texto escrito? Como levar nossos alunos a compreenderem que ler é um ato significativo, importante, prazeroso, necessário? De que forma contribuir para a formação do leitor?

A primeira resposta é: ninguém forma leitores se não for um leitor. Além disso, para o leitor em formação, a compreensão não se dá necessariamente no momento da leitura, mas durante a interação com o professor e os colegas, por isso as atividades propostas devem criar condições para os alunos retomarem o texto e, na retomada, compreendê-lo. Além disso, é necessário que o trabalho com a leitura seja pautado no que Rojo (2002, p. 11) chama de *procedimentos de leitura*, ou seja, "um conjunto mais amplo de fazeres e de rituais que envolvem as práticas de leitura". São exemplos de procedimentos:

- ler da esquerda para a direita e de cima para baixo (no Ocidente);
- folhear o livro da direita para a esquerda, de maneira sequencial e não salteada;
- escanear as manchetes de jornal para encontrar a editoria e os textos de interesse;
- usar caneta marca-texto para iluminar informações relevantes numa leitura de estudo ou de trabalho, por exemplo;
- reler um fragmento anterior para verificar o que se compreendeu;
- adequar a modalidade de leitura – exploratória ou exaustiva, pausada ou rápida, cuidadosa ou descompromissada – aos propósitos e ao texto que está sendo lido.

Segundo Rojo, são consideradas modalidades de leitura:

- leitura integral (leitura sequenciada e extensiva de um texto);
- leitura inspecional (quando se utiliza expedientes de escolha de textos para leitura posterior);
- leitura tópica (para identificar informações pontuais no texto, localizar verbetes em um dicionário ou enciclopédia);
- leitura de revisão (para identificar e corrigir, em um texto dado, determinadas inadequações em relação a uma referência estabelecida);
- leitura item a item (para realizar uma tarefa seguindo comandos que pressupõem uma ordenação necessária);

- leitura expressiva (realizada quando se lê em voz alta um texto para uma determinada audiência, procurando dar mais expressividade ao que se lê: utilização de recursos adicionais para dramatizar, de entonação que caracterize, por exemplo, intenções de personagens, suas vozes, entre outros recursos).

Essas modalidades de leitura costumam corresponder às diferentes finalidades – ou propósitos – colocadas para a atividade de leitura, como:

a. ler para estudar;
b. ler para obter uma informação específica;
c. ler para obter uma informação geral;
d. ler para seguir instruções (de montagem, de orientação geográfica etc.);
e. ler para aprender;
f. ler para revisar um texto;
g. ler para construir repertório – temático ou de linguagem – para produzir outros textos;
h. ler oralmente para apresentar um texto a uma audiência (em uma conferência, um sarau, um jornal etc.);
i. ler para praticar a leitura em voz alta para uma situação de leitura dramática, de gravação de áudio, de representação etc.;
j. reler para verificar se houve compreensão;
k. ler por prazer estético, fruição.

FONTE: Adaptado de Rojo, 2002, p. 11-12.

Tendo esses pressupostos básicos, podemos:

- trabalhar com a diversidade textual, criando atividades que mobilizem diferentes estratégias de leitura e respeitem as especificidades de cada gênero textual;
- fazer o levantamento dos conhecimentos prévios da turma antes de iniciar o trabalho com um texto;
- realizar a leitura e a discussão coletiva;
- selecionar trechos importantes para serem estudados;
- propor a relação do texto lido com outros textos;
- solicitar resumos, paráfrases, paródias, entendendo a escrita como um reinvestimento na leitura, pois esta exige a compreensão do texto original como condição para produzir outros textos;
- propor questões escritas que sistematizem e registrem as descobertas sobre o texto lido;
- propor a ampliação das reflexões feitas a partir do texto lido por meio da pesquisa;
- vocalizar o texto de maneira adequada;
- vivenciar a leitura cotidianamente, criando na sala de aula um espaço para livros, revistas, jornais e outros suportes;
- promover idas regulares à biblioteca;
- fazer a leitura oral de um ou dois capítulos/trechos por dia, no caso de textos mais longos;
- possibilitar o acesso a filmes, desenhos, programas inspirados em livros;
- respeitar a caminhada de cada leitor;

- conhecer o que leem seus alunos, deixando de lado o preconceito de que há textos melhores ou piores;
- promover a leitura na comunidade toda;
- apresentar quem escreveu o texto, quando e onde este foi publicado;
- explicar que cada tipo de texto tem uma função (não lemos um texto literário com o mesmo objetivo que lemos uma notícia de jornal, por exemplo);
- mostrar as convenções próprias de cada tipo de texto (o jornal usa colunas e os poemas são dispostos de uma maneira especial na página, por exemplo);
- possibilitar o acesso a todos os tipos de textos sociais (aqueles que têm circulação na sociedade), variando: os tipos de textos – informativos, literários, argumentativos; os suportes – placas, livros, periódicos, faixas, camisetas, embalagens, panfletos etc.; a temática; a forma de registro – textos mais formais e mais informais, escritos na norma-padrão e em outras variedades;
- criar momentos especiais de leitura, como "Hora do conto", na qual o educador lê um livro ou outro material impresso; "Hora do causo", quando o educando irá contar uma história real ou não; "Hora da leitura", quando cada um pode escolher livremente um livro, revista ou qualquer material impresso disponível para ler; "Hora da notícia", quando são lidas – individual ou coletivamente – notícias de jornais ou outros periódicos;

- mostrar a relação entre texto e contexto de produção (como autor, época e suporte), buscando no contexto elementos para antecipar ou verificar o sentido atribuído;
- discutir as visões de mundo e as intenções presentes no texto;
- apresentar textos em diferentes linguagens (ilustrações, gestos, expressões faciais, sons);
- ajudar na identificação e síntese das ideias básicas do texto;
- levar a turma ao reconhecimento de fatos, personagens, localização temporal e espacial durante a leitura de textos literários narrativos;
- sensibilizar a turma para a organização estética do texto poético em seus diferentes níveis (fonético, semântico, sintático, visual, discursivo);
- criar estratégias para que a turma perceba que os textos informativos se compõem por informações principais e secundárias e que nos textos de opinião é preciso identificar a ideia defendida e quais argumentos são usados para isso;
- alertar para o fato de que, nos textos de propaganda, os recursos linguísticos são usados para tornar o leitor um consumidor e, nos textos instrucionais, a organização textual procura separar informações e utilizar recursos gráficos e linguagem direta, levando o leitor a executar uma ação;
- apresentar o vocabulário e a pontuação como elementos que dão significado ao texto.

Se fosse possível resumir como deve ser o trabalho com a leitura, poderíamos dizer que é proporcionando aos alunos a convivência com atos significativos de leitura, ou seja, criando espaços de emoção, curiosidade, alegria, tristeza, medo, ansiedade e conhecimento. Esse objetivo pode ser alcançado em um ambiente em que o gosto, o prazer e a necessidade real de ler estejam presentes. Isso pode ser atingido por meio das atividades coletivas, como rodas de conversa, leitura em conjunto, jogos, execução de tarefas, resolução de problemas em duplas ou em pequenos grupos, entre outras atividades.

O estudo escrito do texto, em que as atividades propostas buscam guiar o leitor na construção de seus sentidos, é apenas uma das estratégias para o trabalho com a leitura. Estudar o texto é bem diferente de responder questões sobre ele, pois, nesse segundo caso, a atividade não é de aprendizagem, mas de cobrança, afinal, quem sabe ler responde às questões, enquanto quem não sabe continua sem saber.

A construção dos sentidos dos textos começa antes mesmo da sua leitura. Ela se inicia nas hipóteses que o leitor faz sobre o que lê e nos seus conhecimentos prévios sobre os temas ou gêneros a partir da leitura de índices paratextuais.

É importante destacar que, quanto mais dificuldades os alunos têm para ler com autonomia, mais intenso deve ser o trabalho do professor na mediação da leitura. Nesse sentido, a antecipação do texto por meio de atividades que motivem o aluno para o exercício da leitura, assim como da leitura coletiva e dialogada sobre o texto, são momentos essenciais para que aquele que está aprendendo a ler possa compreender de que forma se dá esse processo dialógico com o texto.

Nesse sentido, o registro escrito, na perspectiva de estudo do texto, deve ser entendido como um espaço no qual as discussões e as reflexões sobre o texto ficarão guardadas como um momento de sistematização da leitura em que as questões propostas são de caráter tanto abrangente quanto específico. Além disso, as questões propostas no estudo do texto devem articular o plano do conteúdo ao da expressão, propondo atividades que permitem penetrar a materialidade linguística do texto – levando o aluno a refletir sobre "como o texto significa", isto é, sobre os efeitos de sentido atingidos com as escolhas realizadas por seu autor.

Uma forma interessante de estudar textos é por meio da leitura comparada, em que são colocados lado a lado dois textos de gêneros diferentes (ou do mesmo gênero) para que os alunos possam, coletivamente, fazer o levantamento das características que os distinguem ou aproximam. Outra possibilidade é o texto aberto, em que os planos do conteúdo e da expressão são apresentados em hipertextos – "janelas" que trazem comentários e observações, por exemplo, sobre o gênero a que o texto pertence, as formas de organização textual e as peculiaridades da escrita.

Uma opção de organização para o trabalho com a leitura pode ser o agrupamento de diferentes textos sobre o mesmo tema, ou de textos que de alguma maneira possam tecer uma pequena rede intertextual. Vamos ver alguns exemplos disso, assim como de questões que buscam ajudar os alunos no processo de interpretação, compreensão e atribuição de sentidos.

Sugestão 1

A atribuição de sentidos começa antes mesmo de o leitor começar a ler. Isso porque as razões para ler e os conhecimentos prévios sobre o tema e o gênero textual servem como subsídios para as hipóteses que o leitor fará sobre o que irá ler, e a leitura é, em certa medida, a confirmação – ou não – dessas hipóteses. Por isso, antes da leitura de qualquer texto, é necessário desafiar os alunos. Isso pode ser feito por meio de fotografias, pinturas, cartuns, quadrinhos, jogos variados, provocações e resumos orais, paratextos sobre o texto principal, comentários sobre a finalidade, a estrutura e o gênero do texto a ser lido etc. É importante estimular a curiosidade e o desejo de ler, afinal, na vida de qualquer leitor é esse desejo que o move em direção ao texto. Além disso, é necessário avaliar os conhecimentos prévios dos alunos sobre o texto e o gênero a fim de garantir a mediação mais adequada.

Sugestão 2

A aula pode começar com a seguinte proposta de antecipação da leitura:

> Você sabia que as palavras também têm casa? Você é capaz de adivinhar o nome do livro que é a casa das palavras escritas?

A partir da resposta da turma – "dicionário" –, propomos a leitura do verbete *casa*:

Casa
Substantivo feminino

1. edifício de formatos e tamanhos variados, de um ou dois andares, quase sempre destinado à habitação
2. família; lar
3. conjunto dos membros de uma família
   Exs: *a c. dos Nabucos*
   a c. de Bragança
4. conjunto dos bens de uma família ou dos negócios e assuntos domésticos
   Ex.: *a administração da c.*
5. lugar destinado a encontros, a reuniões ou à moradia de certas categorias de pessoas, cujos interesses, origens e cultura por vezes representam ou expressam
   Exs: *c. do estudante*
   c. dos artistas
6. estabelecimento ou firma comercial
7. nome de certas repartições públicas
   Ex.: *c. da moeda*
8. conjunto de pessoas adidas ao serviço particular do chefe do Estado
   Ex.: *C. Civil*
9. cada uma das subdivisões de uma caixa, prateleira etc.
10. espaço delimitado por linhas em formulários, mapas, tabelas, cartões de jogos e outros tipos de impresso

11. alvéolo dos favos das abelhas
12. Rubrica: costura.
    pequena abertura do vestuário em que entram os botões
13. Rubrica: matemática.
    interseção de uma linha e uma coluna, numa tabela
14. década etária, fração de dez anos na idade de uma pessoa
    Ex.: *ele já está na c. dos 30*
15. conjunto de espectadores presentes a um espetáculo qualquer
    Ex.: *a estreia só conseguiu meia c.*
16. Rubrica: encadernação.
    m.q. ENTRENERVO
17. Rubrica: termo da marinha.
    Abertura ou buraco onde se instala um objeto a bordo (toma o nome do objeto)
    Ex.: *c. do gurupés*
18. Rubrica: termo da marinha.
    praça ou camarim (conforme for o compartimento de bordo)

FONTE: Adaptado de Houaiss; Villar, 2001, p. 640.

Nesse momento, é essencial levar um ou mais dicionários para serem manuseados a fim de que os alunos compreendam sua organização em ordem alfabética e em verbetes. Além disso, o próprio verbete deve ser analisado.

> ## Verbete
> Substantivo masculino
> 1. nota ou comentário que foi registrado, anotado; apontamento, nota, anotação, registro
> 2. pequeno papel em que se escreve um apontamento
> 3. ficha de arquivo (p. ex., em biblioteca).
> 4. em lexicografia, o conjunto das acepções, exemplos e outras informações pertinentes contido numa entrada de dicionário, enciclopédia, glossário etc.

FONTE: Adaptado de Houaiss; Villar, 2001, p. 2844.

O verbete é um gênero de caráter informativo, de acesso imediato, e, por isso, apresenta uma estrutura fixa, podendo todos ou apenas alguns elementos estarem presentes (em dicionários infantis essa estrutura costuma ser mais simplificada):

> Verbete = entrada + etimologia + categoria gramatical + sinônimos + variantes + fonte + área + definição + exemplo + contexto

Outra questão a ser abordada diz respeito à necessidade de analisar a palavra em seu contexto, pois ele será definidor na constituição do significado. No caso do uso da palavra *casa* como lugar onde habitam as palavras, é necessário, ainda, adequar a palavra ao sentido conotativo.

Depois da apresentação da palavra *casa* no dicionário, ela pode ser trabalhada também em outros gêneros textuais, como em uma canção. Para promover a criação de hipóteses sobre o que será lido, sugerimos partir de uma imagem, por exemplo:

Figura 4.1 – Casa de Carlos Páez Vilaró

CRÉDITO: Fotolia

A imagem ilustra uma parte da casa do artista plástico uruguaio Carlos Páez Vilaró. Foi essa casa que inspirou o poeta brasileiro Vinícius de Moraes a compor um de seus poemas musicados mais conhecidos. Será que os alunos conseguem adivinhar que poema é esse? Como é quase certo que a maioria dos alunos conheça a canção "A casa", de Vinícius de Moraes, as atividades propostas visam aprofundar a análise de um texto conhecido. Isso pode ser feito na forma de um "texto aberto", em que algumas questões vão "descortinando" o texto para o leitor. Veja um exemplo a seguir.

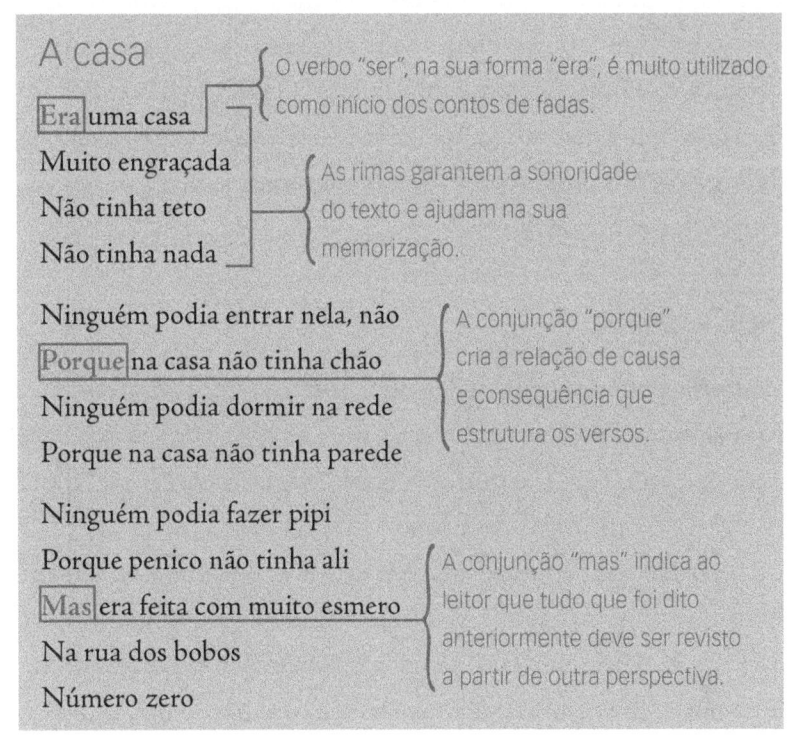

A casa
Era uma casa } O verbo "ser", na sua forma "era", é muito utilizado como início dos contos de fadas.

Muito engraçada
Não tinha teto
Não tinha nada
} As rimas garantem a sonoridade do texto e ajudam na sua memorização.

Ninguém podia entrar nela, não
Porque na casa não tinha chão
Ninguém podia dormir na rede
Porque na casa não tinha parede
} A conjunção "porque" cria a relação de causa e consequência que estrutura os versos.

Ninguém podia fazer pipi
Porque penico não tinha ali
Mas era feita com muito esmero
} A conjunção "mas" indica ao leitor que tudo que foi dito anteriormente deve ser revisto a partir de outra perspectiva.
Na rua dos bobos
Número zero

FONTE: Moraes, 1986, p. 74.

    Por meio dos hipertextos, o leitor pode perceber que "a casa" descrita por Vinícius de Moraes, apesar de ter sido inspirada em uma casa real, existe na imaginação – o índice para essa leitura é o uso do verbo *ser* no pretérito imperfeito, que remete ao "era uma vez" dos contos de fadas e leva o leitor para um lugar e um tempo que só existem na imaginação. Também podemos entender por que essa canção é amplamente conhecida: as rimas, o ritmo e a melodia são usados como formas de ajudar na memorização. E não se pode deixar de falar do humor: não só a casa descrita é engraçada, mas também a própria maneira como o poeta a descreve. Os dois últimos versos reforçam isso, pois o próprio leitor pode ser o "bobo" que mora na casa ou a procura. É como os finais dos contos infantis, que explicitam que tudo não passou de uma brincadeira, por exemplo, "entrou pelo pé de um pinto, quem quiser que conte cinco!" ou "quem quiser que conte outra".

Sugestão 3

Outra forma de criar redes intertextuais e promover a leitura significativa é por meio da leitura de textos distintos com a mesma temática. É o que se propõe a seguir, a partir da fábula "A cigarra e a formiga", de Esopo.

As fábulas são textos narrativos cujos personagens são animais que sentem, agem e pensam como os seres humanos. São as mais antigas maneiras de contar histórias e trazem sempre uma norma de conduta, ou seja, contêm um fundo moral. Além disso, provêm de vários povos e culturas e foram sendo passadas de geração a geração pela oralidade.

Atribui-se ao grego Esopo muitas das fábulas que conhecemos hoje. Acredita-se que ele tenha vivido no século VI a.C. Provavelmente foi capturado em uma guerra e virou escravo na Grécia, mas não há provas históricas de que ele tenha existido. O que não dá para negar é que há mais de 300 histórias, com características semelhantes, que podem ter sido criadas por ele. As fábulas de Esopo faziam parte da tradição oral dos gregos, e somente após mais de 200 anos depois de sua suposta morte é que as fábulas foram reunidas e escritas.

Na França, La Fontaine recontou as fábulas de Esopo em versos, no século XVII. Para o francês, a fábula é uma pequena narrativa que, sob o véu da ficção, guarda uma moralidade. Nas fábulas, cada personagem apresenta uma simbologia, que pode ser explorada com os alunos, por exemplo: coruja – sabedoria, bons conselhos; raposa – astúcia, esperteza; leão – força, poder; urso – força, poder; cachorro – lealdade, amizade; gato – esperteza; formiga – trabalho; cigarra – diversão.

Como provocação para a antecipação e a criação de hipóteses ao texto que será lido, podemos recorrer a uma série de perguntas relacionadas a uma ilustração. A cena a seguir foi criada no século XIX pelo francês Gustavo Doré, o qual ilustrou mais de 200 livros, entre eles um livro de La Fontaine. Para saber que fábula a imagem ilustra, basta seguir as pistas.

FIGURA 4.2 – *A CIGARRA E A FORMIGA*, DE GUSTAVO DORÉ

CRÉDITO: Zyephyrus/Wikimedia Commons

a. A cena remete a uma fábula bastante conhecida.
b. A moça que está na porta, do lado de dentro da casa, representa uma personagem da fábula.
c. Os objetos de trabalho da dona da casa são a vassoura e o machado.
d. A moça que está do lado de fora, com um violão na mão, representa outra personagem da fábula.
e. A moça com o violão foi pedir um favor para a dona da casa.
f. A dona da casa não deixa a moça do violão entrar.
g. Na fábula de La Fontaine, as personagens são dois insetos.

Em uma leitura das informações explícitas, é importante que os alunos compreendam que a fábula é um gênero narrativo, por isso estrutura-se em personagem, tempo, enredo, narrador e espaço. Essa informação auxilia o leitor nas suas próximas leituras desse mesmo gênero. No caso da fábula, porém, é essencial desvelar seu caráter moralizante e discutir que moral é essa, bem como a que classe social ou interesses ela se vincula.

Há diferentes versões para "A cigarra e a formiga". La Fontaine, por exemplo, escreveu-a em versos.

A cigarra e a formiga

Tendo a cigarra, em cantigas,
Folgado todo o verão,
Achou-se em penúria extrema,
Na tormentosa estação.

> Não lhe restando migalha
> Que trincasse, a tagarela
> Foi valer-se da formiga,
> Que morava perto dela.
> – Amiga – diz a cigarra
> – Prometo, à fé de animal,
> Pagar-vos, antes de Agosto,
> Os juros e o principal.
> A formiga nunca empresta,
> Nunca dá; por isso, junta.
> – No verão, em que lidavas?
> – À pedinte, ela pergunta.
> Responde a outra: – Eu cantava
> Noite e dia, a toda a hora.
> – Oh! Bravo! – torna a formiga
> – Cantavas? Pois dança agora!

FONTE: La Fontaine, 1997, p. 27.

Há ainda versões mais recentes, em que a formiga reconhece que o canto da cigarra a ajudou em seu trabalho e por isso ela recolhe a cantora. A versão de Monteiro Lobato é bastante conhecida, na qual são dadas duas versões: "A formiga boa" e "A formiga má". Na primeira, a moral da fábula passa a ser a seguinte: "os artistas – poetas, pintores e músicos – são as cigarras da humanidade". E Emília intervém na fábula para ajudar a cigarra a ajustar contas com a formiga. A boneca pede à cigarra que bata à porta da formiga novamente e, quando esta atende às batidas, Emília a agarra pela perna seca e a puxa para fora, dizendo:

> – Chegou tua vez, malvada! Há mil anos que a senhora me anda a dar com essa porcaria de porta no focinho das cigarras, mas chegou o dia da vingança. Quem vai levar porta no nariz és tu, sua cara de coruja seca! [...] A cigarra cumpriu a ordem, e tantas portadas arrumou no nariz da formiga, que a pobre acabou pedindo socorro ao senhor de La Fontaine, seu conhecido de longo tempo.
> – Basta, bonequinha! [...] A formiga já sofreu a sova merecida. Pare, senão ela morre e estraga-me a fábula.

FONTE: Lobato, 2004, p. 142.

A leitura e a discussão de textos que se cruzam em torno de uma temática colocam o leitor como um tecelão, que costura ideias, informações e sentidos. Algo bem coerente com a própria etimologia da palavra, oriunda do latim *texere* (construir, tecer), cujo particípio passado *textus* também era usado como substantivo, *texto* significava *maneira de tecer* ou *coisa tecida* e, mais tarde, *estrutura*.

Sugestão 4

Cada gênero textual demanda diferentes estratégias de leitura, por isso, as atividades de estudo devem estar de acordo com as características de cada um. Em relação aos textos de caráter informativo, é necessário observar a clareza e a fidedignidade das informações. Nesse gênero textual, o leitor deve buscar indicadores de aproximação ao conteúdo (títulos, fotos, imagens, tipografia, seções do jornal etc.) como forma de identificar o tema e os principais detalhes.

Apresentaremos a seguir um exemplo de encaminhamento usando a técnica de lacunamento do texto, que leva o leitor a fazer inferências e a compreender que esse processo é extremamente importante para a compreensão textual. No processo de preenchimento das lacunas, o leitor usa conhecimentos extralinguísticos e também relacionados à coerência e à coesão do texto.

Como se faz o ...?

O ... é obtido por meio de transformações mecânicas e químicas de fibras vegetais (palha, linho, eucalipto ou trapos de algodão) ou de fibras minerais (amianto). No Brasil, as fábricas existentes no Sul utilizam como matéria-prima o eucalipto. A pasta (polpa) é obtida pela desagregação da estrutura dos pedaços de madeira por processos mecânicos (pressionamento) ou químicos (emprego do bissulfito de cálcio etc.). Por quê?

FONTE: Adaptado de Machado, 1967, p. 33.

Figura 4.3 – Processo de produção do papel

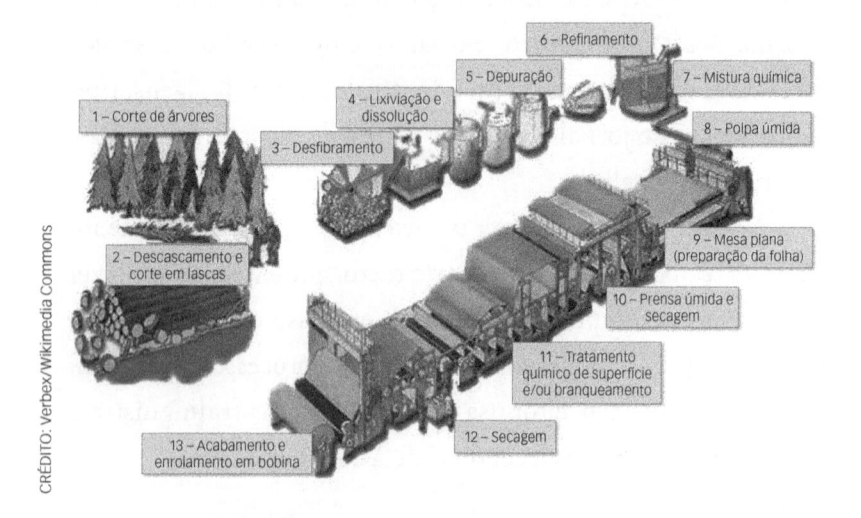

1 – Corte de árvores
2 – Descascamento e corte em lascas
3 – Desfibramento
4 – Lixiviação e dissolução
5 – Depuração
6 – Refinamento
7 – Mistura química
8 – Polpa úmida
9 – Mesa plana (preparação da folha)
10 – Prensa úmida e secagem
11 – Tratamento químico de superfície e/ou branqueamento
12 – Secagem
13 – Acabamento e enrolamento em bobina

CRÉDITO: Verbex/Wikimedia Commons

Para chegar à palavra *papel*, que completa o texto, o leitor deve ter algum conhecimento sobre o fato de que ele é feito a partir de pastas oriundas das árvores. A ilustração também ajuda a chegar à palavra que completa as lacunas. A escolha pelo singular da palavra acontece a partir do conhecimento de que o artigo masculino no singular (o) antecede um substantivo masculino no singular (no caso, papel). Como se trata de um texto que informa sobre processos químicos e físicos para a produção do papel, são usados termos técnicos, de pouco uso na linguagem cotidiana. Nesse caso, o uso do dicionário pode ajudar na tradução de expressões como *transformações mecânicas e químicas* (transformações que usam máquinas e produtos químicos); *fibras vegetais* (espécie de bagaço de plantas); *fibras minerais* (espécie de pasta de algum material sem vida); *matéria-prima* (primeiro material necessário para se produzir algo); *desagregação da estrutura* (separação das partes). A partir disso, o leitor pode fazer uma paráfrase, recontando o processo para se fazer o papel, dizendo, por exemplo, que o papel é feito com vegetais ou minerais que são transformados por máquinas e produtos químicos. Contudo, nessa passagem, o uso de uma linguagem mais simples e coloquial pode levar a imprecisões que os termos técnicos evitam.

Outra atenção importante a ser dada aos textos informativos tem relação com a fonte e a data de publicação. Por exemplo, o texto foi retirado da obra *O livro dos porquês*, publicada em 1967, ou seja, há mais de 40 anos. No entanto, continua atual porque as informações sobre o processo para se fazer papel permanecem basicamente as mesmas.

Os dois textos a seguir foram retirados do mesmo livro, no qual são apresentadas duas versões de resposta para a mesma pergunta.

> **Por que se inventou o alfabeto?**
>
> Antes de se usar o alfabeto, os homens utilizavam desenhos para representar o que queriam dizer. Era um processo bonito, mas muito complicado. Simplificando esses desenhos, obtiveram-se as letras do alfabeto, que representam todos os sons da linguagem e permitem escrever todas as palavras.
>
> A escrita cuneiforme dos mesopotâmios, datada de três milênios antes de Cristo, comportava sinais silábicos, ao passo que os hieróglifos dos egípcios eram ideogramas ou sinais silábicos. Os fenícios substituíram esses sinais complicados por algumas dezenas de sinais representativos de letras, excluindo-se as vogais. Os gregos construíram o verdadeiro alfabeto acrescentando os sinais das vogais: essa foi a base do alfabeto atual.

FONTE: Adaptado de Machado, 1967, p. 15.

Ambos os textos tratam do mesmo assunto, a invenção do alfabeto, porém, com diferenças no que diz respeito à complexidade da linguagem. Na versão simplificada, dados históricos importantes foram omitidos, assim como a referência aos povos que ajudaram a desenvolver a escrita. Essas questões devem ser ressaltadas aos alunos, a fim de que se discuta o fato de que mesmo os textos informativos são fruto de um determinado recorte do mundo, de um olhar determinado – ou seja, não são neutros.

Sugestão 5

Dando continuidade às sugestões, sugerimos uma sequência didática para o trabalho com a crônica jornalística (agrupamento do argumentar): um texto de opinião escrito a partir de uma notícia. Vamos ler primeiro uma notícia (agrupamento do relatar) publicada na internet, que pode ser apresentada ao aluno na forma de um "texto aberto", como exemplificaremos a seguir.

{ As notícias na internet são dadas quase imediatamente depois do fato. Elas são atualizadas constantemente e, por isso, além da data indicam o horário em que foram publicadas.

{ As datas referem-se ao ano de 2009 do mês de julho. Para saber disso, é necessário observar as informações que antecedem o título do texto.

30/07/2009 – 13h 39min

Cielo bate Bernard, leva o ouro e quebra o recorde mundial dos 100 metros livres

No domingo e na segunda-feira, César Cielo deu dicas do que poderia fazer nos 100 metros livres. Nesta quinta-feira, assustou o mundo na prova mais nobre da natação. O brasileiro, campeão olímpico dos 50 metros livres, é hoje o homem mais rápido também dos 100 metros. Nadando pela terceira vez seguida ao lado do francês Alain Bernard, que ficou com a prata, o paulista de 22 anos completou a prova em 46s 91. A marca anterior era do australiano Eamon Sullivan, que, doente, não foi ao mundial.

FONTE: Adaptado de Doro, 2009.

{ Os 100 metros livres são considerados a prova mais nobre e importante da natação porque foram, por muito tempo, a distância mais curta disputada nas Olimpíadas, o que dava ao seu recordista o título de "nadador mais rápido do mundo".

{ Aqui se está falando de Cesar Cielo.

{ 46 segundos e 91 centésimos de segundo.

Em seguida, propomos a leitura e discussão da crônica jornalística de Bruno Desidério.

> ## No hall dos maiores
>
> Não que ele precisasse. Mas neste sábado, 1º de agosto, César Cielo provou que não é apenas um ídolo do esporte brasileiro. Ele é um dos grandes do esporte mundial.
>
> Ao conquistar a medalha de ouro nos 50m livres do mundial de Roma, Cielo tornou-se apenas o segundo nadador da história a ser campeão olímpico e mundial da categoria. Antes dele só o russo Alexander Popov havia conseguido esse feito. Nas olimpíadas de Barcelona em 1992 e, dois anos depois, no mundial de Roma. A mesma Roma em que César fez história.
>
> Cielo se colocou ao lado de Popov, um dos maiores velocistas da história da natação. Seu recorde olímpico, estabelecido em Barcelona, durou quatro olimpíadas. Foi exatamente Cielo quem o quebrou, em Pequim, no ano passado. Michael Phelps, já o maior nadador da história, afirmou. Entre os velocistas, César Cielo é o cara. "He's the real deal", disse o mega campeão. Cielo é celebrado na Europa, nos EUA e na Austrália. Isso porque reconhecem sua técnica e brilhantismo. Isso, porque César ultrapassa a barreira de seu país. Ele não é apenas um ídolo brasileiro, ele é um ídolo do esporte mundial.

FONTE: Desidério, 2009.

Algumas questões podem ser propostas aos alunos para a reflexão coletiva e individual: é importante compreender que as questões não têm o objetivo de verificar se o aluno interpretou o texto, mas servem como "pontos de luz" para iluminar aspectos importantes na interação texto-leitor para a construção dos sentidos.

Nos textos que têm vínculo com os fatos mais imediatos, como é o caso das crônicas jornalísticas, é importante explorar os dados relativos à origem do texto, como a data, os dados sobre o autor e o local de publicação. No caso do texto analisado, trata-se de um *blog* especializado em temas esportivos e, além disso, tem como autor um jornalista. O texto está, de certa forma, datado (2009), pois há informações mais recentes sobre as conquistas de Cielo. Nesse caso, é interessante pedir uma pesquisa aos alunos, a fim de se atualizarem os dados (por exemplo, em 2013, César Cielo levou a medalha de ouro no Campeonato Mundial de Desportos Aquáticos de Barcelona, sendo tricampeão mundial dos 50 metros livres e o homem mais rápido de todos os tempos na natação. Em abril desse mesmo ano, Cielo confirmou vaga para o Campeonato Mundial de Esportes Aquáticos de 2013, em Barcelona, com a segunda melhor marca do mundo no ano).

Como se trata de um texto que agrega informações e ponto de vista, é essencial que o aluno perceba esse hibridismo. Uma questão possível para levar a essas reflexões é por meio do preenchimento de um fichamento sobre o texto:

> * Fonte – A crônica esportiva.
> * Autor – Bruno Desidério.
> * Data de publicação – 1º de agosto de 2009, 12h 16min.
> * Assunto principal – As vitórias de César Cielo.
> * Ponto de vista do autor – César Cielo é um dos maiores nadadores do mundo.

A fim de ressaltar a característica do gênero *crônica jornalística*, o aluno pode ser solicitado a indicar trechos do texto em que prevaleçam a opinião e a informação:

> * César Cielo é um ídolo do esporte brasileiro. (opinião)
> * César Cielo conquistou o ouro no campeonato mundial de natação em 2009. (informação)
> * César Cielo ganhou uma medalha de ouro nas Olimpíadas de Pequim. (informação)
> * César Cielo é um nadador brilhante. (opinião)
> * César Cielo é um ídolo mundial. (opinião)

A seguir, um trecho de outra crônica jornalística, escrita em maio de 2006, por Carlos Heitor Cony, sobre um assunto que, na época, preocupou o escritor: o tempo que os jovens passavam na frente do computador.

> Li nos jornais e vi na TV: impressionado pelo fato de a filha, de 14 anos, passar 13 horas diárias diante da telinha, fazendo aquilo que chamam "navegar na internet", o pai tomou uma decisão drástica: tirou o computador do quarto da menina e colocou-o na sala, junto com os sofás, as poltronas e diversos outros eletrodomésticos.
>
> Pensou que, num ambiente maior e mais poluído pelos habitantes da casa, a filha diminuiria a carga horária diante da telinha, limitando-se ao essencial, tanto no que diz respeito às informações gerais como ao gostoso bate-papo que a internet possibilita ao aproximar e ligar pessoas no universo virtual.
>
> Na minha infância, não havia internet. Havia a geladeira, em cuja porta eu deixava recados para minha mãe ou para meus irmãos. Muitas vezes, um simples beijo, com um coração desenhado a lápis de cor vermelha. Também recebia recados, não esqueça de fazer isso, tem pastéis de queijo no forno, te amo etc.

FONTE: Cony, 2006.

Da mesma forma que na análise da crônica anterior, nessa também é importante que o aluno atente para os dados sobre a origem do texto. O autor Carlos Heitor Cony é um dos mais importantes escritores brasileiros, e a fonte (*Folha de S. Paulo*) um importante jornal de alcance nacional. A crônica foi publicada em 2006, mas podemos dizer que ela permanece atual. Como esse é um tema presente na vida contemporânea, certamente os alunos terão uma opinião sobre ele, podendo compará-la com a opinião de Cony, que, ao comparar como ele gastava as horas na sua infância com o fato da menina passar 13 horas no computador, deixa implícito que reprova essa atitude.

É importante entender que as atividades propostas a partir da leitura têm como objetivo dar pistas para a abordagem sobre o texto que está sendo estudado. Buscam criar um espaço de interlocução entre leitor-texto, mediado pelo professor, leitor mais experiente que contribui nessa interação. Talvez não seja fácil desconstruir, nos alunos, a ideia de ler para resolver questões que serão corrigidas pelo professor. Será necessário criar uma nova perspectiva para a leitura como estudo do texto, tornando esse momento um espaço reflexivo, criativo, problematizador como é todo processo de leitura.

Para saber mais

No livro *Como um romance*, de Daniel Pennac, você pode aprofundar as reflexões do autor sobre o que ele chama de *dez direitos inalienáveis do leitor*, que são:

> O direito de não ler.
> O direito de pular páginas.
> O direito de não terminar um livro.
> O direito de reler.
> O direito de ler qualquer coisa.
> O direito de bovarismo.
> O direito de ler em qualquer direito de não ler.

> O direito de ler uma frase aqui outra ali.
> O direito de ler em voz alta.
> O direito de calar.

FONTE: Pennac, 1996, p. 75.

quatropontocinco
A produção de textos

O trabalho com a produção de textos deve estar baseado na compreensão de que, conforme afirma Irandé Antunes (2003, p. 46),

> A escrita é uma atividade interativa de expressão, de manifestação verbal das ideias, informações, intenções, crenças ou dos sentimentos que queremos partilhar com alguém, para, de algum modo, interagir com ele. Ter o que dizer é, portanto, uma condição prévia para o êxito da atividade de escrever. Não há conhecimento linguístico (lexical ou gramatical) que supra a deficiência do "não ter o que dizer". As palavras são apenas a mediação, ou o material com que se faz a ponte entre quem fala e quem escuta, entre quem escreve e quem lê. Como mediação, elas se limitam a possibilitar a expressão do que é sabido, do que é pensado, do que é sentido. Se faltam as ideias, se falta a informação, vão faltar as palavras. Daí que nossa providência maior deve ser encher a cabeça de ideias, ampliar nosso repertório de informações e sensações, alargar nossos horizontes de percepção das coisas. Aí as palavras virão, e a

crescente competência para a escrita vai ficando por conta da prática de cada dia, do exercício de cada evento, com as regras próprias de cada tipo e de cada gênero de texto. O grande equívoco em torno do ensino da língua tem sido o de acreditar que, ensinando análise sintática, ensinando nomenclatura gramatical, conseguimos deixar os alunos suficientemente competentes para ler e escrever textos, conforme as diversificadas situações sociais.

Assim, escrever é uma atividade interativa de expressão e, para realizá-la, é necessário ter o que dizer a alguém e, de algum modo, interagir com ele.

Escrever, de certa forma, nos torna imortais, pois nossos amores, temores, ideias e histórias ficam registrados para além de nossa própria vida. Na escola, porém, a escrita passa a ser uma atividade burocrática, que gera textos vazios de sentido e comprometimento. Os textos são produzidos quase sem autoria, tamanha a pasteurização pela qual passam até se tornarem um produto consumível pela escola: a redação, escrita para um interlocutor burocrático – a escola – e cuja função, para o aluno, é ganhar uma nota.

Em outra perspectiva, a produção de textos pressupõe muito mais do que o resultado (a redação final), mas um processo que envolve ler, escrever e reescrever. Além disso, de acordo com Geraldi (2011, p. 32), texto é

uma sequência verbal escrita coerente formando um todo acabado, definitivo e publicado: onde publicado não quer dizer "lançado por uma editora", mas simplesmente dado a público, isto é, cumprindo sua finalidade de ser lido, o que demanda o outro; a destinação de um texto é sua leitura pelo outro, imaginário ou real.

A linguagem escrita tem duas faces interligadas – uma textual e uma gráfica. A face gráfica são as letras e suas combinações. A outra face é a da composição do texto, do conteúdo. Não podemos dar atenção apenas aos aspectos gráficos, nem podemos chegar ao gráfico sem uma permanente interligação com a face textual da composição e do conteúdo. Infelizmente, na escola, muitas vezes, o que tem prevalência são os aspectos formais, ficando as questões de coerência e coesão, assim como as de adequação ao gênero, em segundo plano.

O trabalho com a produção de textos

A produção de textos deve ser entendida como uma prática social constante, e, nessa perspectiva, a escola precisa:

- criar condições significativas de produção;
- delimitar as condições de produção;
- veicular os textos produzidos;
- promover escritas individuais e coletivas;
- ensinar que escrever é reler e reescrever;
- levar a turma a sempre buscar a melhor forma para seus textos;
- ensinar a conviver com a crítica.

Entendendo a produção de textos como um processo que envolve ler, escrever, reler, reescrever e publicar as propostas de produção, devem surgir situações comunicativas reais e significativas nas quais os alunos tenham clareza sobre a finalidade pela qual vão escrever, o perfil do interlocutor, o local em que o texto será veiculado e o gênero textual que irão escrever.

Antes de escrever, é necessário fazer um planejamento do texto. Cada gênero textual exigirá um planejamento de acordo com suas características específicas. Uma lista, por exemplo, (que pode ser considerada um gênero textual, pois tem propriedades sociocomunicativas e cumpre uma função em situação de uso social), apresenta formatos e modelos diversos: listas, guias (telefônicos, agendas), etiquetas, índices (de livros, revistas, atlas), programação com horários das atividades escolares, de cinema, televisão, transporte coletivo e cardápios. Geralmente, as listas são escritas em colunas, verticalmente, em quadros ou tabelas; podem ser usados asteriscos, travessões, dentre outros sinais de indicação de tópicos.

No caso da produção de gêneros textuais do agrupamento do narrar, o planejamento deve prever o enredo, os personagens, o espaço onde o enredo se desenrolará, o narrador/foco narrativo e a organização do tempo (cronológico/psicológico). No caso de uma fábula, além disso tudo, também é necessário estabelecer a moral implícita e decidir que animais serão personagens.

Se o texto a ser escrito for uma notícia, será necessário responder, a partir da verificação dos fatos, o quê, quando, onde, como e por quê de maneira clara e objetiva. A manchete e o lide devem ser bem elaborados, pois, em muitos casos, o leitor concentra-se neles, nas imagens e nas legendas.

Nas propostas de produção de texto, então, o professor deve ajudar a turma a definir o tema, o público leitor, a finalidade do texto, bem como realizar a pesquisa sobre o tema, o planejamento, a pesquisa, a escrita, a reescrita e a publicação do texto produzido. Sem essa clareza sobre quais são as condições de produção e o gênero que será escrito, a produção de textos passa a ser, para o aluno, uma atividade isolada e sem significado.

Sugestão 1

A criação de palavras cruzadas pode ser uma desafiadora produção de textos. As palavras cruzadas têm a finalidade de entreter, e a turma pode aprender a fazê-las para incorporá-las a um jornal escolar ou então criar uma revistinha de passatempos. Antes de partir para a execução da proposta, é importante conversar com a turma sobre as características desse gênero e definir onde e como as palavras cruzadas produzidas serão veiculadas. Palavras cruzadas prontas podem ser estudadas coletivamente para que todos compreendam como elas são estruturadas (há as que usam gravuras, as que são numeradas, as diagonais, as silábicas etc.).

O processo de produção começa com a escolha das palavras que serão colocadas no diagrama. A dica é usar vocábulos com letras que aparecem de forma mais regular em todas as palavras. Para começar, podem ser seis palavras, todas com cinco letras. As palavras serão encaixadas nos espaços (pode-se usar um papel quadriculado para facilitar). Veja um exemplo.

FIGURA 4.4 – PALAVRAS CRUZADAS

	1		2		3
4	P	A	P	E	L
	O		I		I
5	M	E	N	O	S
	B		T		T
6	A	R	A	R	A

Prontas as "respostas", será necessário fazer as "perguntas". Por exemplo:

1. Pássaro da paz.
2. Colore com lápis de cor.
3. Série de nomes de pessoas ou de coisas relacionadas por escrito.
4. Substância constituída por elementos fibrosos de origem vegetal e mineral, que serve para escrever, imprimir, embrulhar etc.
5. O contrário de mais.
6. Ave de grande porte, dotada de bico alto e cauda longa.

Preparadas, as cruzadinhas são trocadas entre os alunos, e tanto quem produziu quanto quem irá resolvê-las certamente se divertirão muito.

Sugestão 2

Temas que são estudados pela turma em língua portuguesa ou em outras áreas do conhecimento podem motivar a produção de textos em diferentes gêneros. Por exemplo, a produção de entrevistas, pelas quais a turma pode relacionar o que é estudado com a realidade da comunidade ou aprofundar o tema por meio de informações dadas por um especialista.

Há grande variedade quando falamos em entrevista, pois

> *há eventos que parecem entrevistas por sua estrutura geral de pergunta e resposta, mas distinguem-se muito disso. É o caso da "tomada de depoimento" na Justiça ou do inquérito policial. Ou então um "exame oral" em que o professor pergunta e o aluno responde. Todos esses eventos distinguem-se em alguns pontos (em especial quanto aos objetivos e a natureza dos atos praticados) e assemelham-se em outros.* (Hoffnagel, 2002, p. 81)

As entrevistas jornalísticas têm como finalidade apresentar informações e opiniões de pessoas influentes ou especialistas em determinada área. Atualmente, algumas delas são feitas por escrito, sendo as perguntas mandadas ao entrevistado via *web*, mas isso ainda não é tão comum quanto as entrevistas orais, posteriormente reescritas em discurso direto.

Elas exigem do entrevistador uma boa preparação a respeito do assunto e do entrevistado, a fim de que possa mediá-los de forma competente, colocando questões pertinentes, polemizando, solicitando esclarecimentos etc. Veiculada em jornais ou revistas, normalmente as entrevistas se organizam a partir de um título, uma apresentação do entrevistado e do tema, uma sequência de perguntas e respostas. Entrevistas de diferentes veículos de comunicação escrita podem ser comparadas para que a turma veja o que é comum em todas e as características específicas de cada jornal ou revista e, por meio dessa análise, crie seu próprio padrão de publicação de entrevistas.

Sugestão 3

A leitura de um texto pode provocar a produção de outro, em um exercício intertextual, ou seja, quando "um texto, está inserido em outro texto (intertexto) anteriormente produzido, que faz parte da memória social de uma coletividade" (Koch; Elias, 2011, p. 86). A paródia é um exemplo de intertextualização, pois, para ser compreendido, o texto parodiado exige o conhecimento prévio do texto que lhe originou. Há muitos exemplos de paródias na publicidade e também na própria escola, onde há versões de músicas famosas que são adaptadas com conteúdos escolares. Na literatura, a paródia também é bastante recorrente (um dos textos literários mais parodiados foi *Canção do Exílio*, de Gonçalves Dias).

As canções populares são muito afeitas às paródias. Por exemplo, os alunos podem criar suas próprias perguntas, parodiando, por exemplo, a canção interpretada por Adriana Calcanhoto.

Oito Anos

Por que você é flamengo
E meu pai botafogo?
O que significa
"impávido colosso"?
Por que os ossos doem
Enquanto a gente dorme?
Por que os dentes caem?
Por onde os filhos saem? [...]

FONTE: Toller; Dunga, 2004.

Geralmente, os alunos gostam muito de ler, ouvir e fazer paródias, e, apesar de sua aparente simplicidade, as paródias exigem que o leitor/escritor lance mão de sua memória social e saiba distinguir os elementos originais dos que foram recriados, percebendo os efeitos que essas mudanças provocam no texto recriado e, de certa forma, revisitando em outra perspectiva o texto original.

Sugestão 4

Muitas situações escolares podem gerar a produção de textos em que prevaleça a transmissão e a construção de saberes, ou seja, textos do agrupamento do expor, como cartazes e textos de divulgação científica. Para veicular os saberes de forma clara e objetiva, será necessário usar recursos variados, como a definição e a contextualização, o estabelecimento de relações de causa e efeito e construção de comparações, analogias e contrastes. Por exemplo, a partir de uma série de informações, em forma de tópicos, os alunos podem ser desafiados a escrever um texto coletivo de divulgação científica para ser colocado no mural da escola, socializando os estudos feitos pela turma.

> Versão em tópicos:
>
> Ouviu passarinho verde?
>
> *O papagaio-cinza-africano é a mais falante das aves. Veja como ele aprende*
>
> 1. Na natureza, o papagaio vive em bandos e usa o canto para se comunicar. Desde cedo, ele aprende a imitar os mais velhos.
> 2. Sua capacidade intelectual o faz decodificar e memorizar novos sons. Assim como os beija-flores, tem núcleos cerebrais dedicados aos sons mais complexos.

3. O controle da siringe – órgão presente em todos os pássaros, equivalente às cordas vocais humanas – permite ao papagaio emitir sons articulados que vão além de melodiosos assobios.
4. A anatomia do bico turbina o som. A língua e o palato – parte superior interna – fazem o som reverberar e sair mais potente.
5. A voz natural dos papagaios tem características comuns à fala humana, como timbre rico em harmônicos e modulações suaves. Isso também ajuda na hora da "imitação".

FONTE: Adaptado de Vasconcelos, 2013.

Versão em texto de divulgação científica:

Papagaio-cinza-africano

O papagaio-cinza-africano é a mais falante das aves. Ele vive em bandos e desde cedo aprende a imitar os mais velhos, usando o canto para se comunicar.

Sua capacidade intelectual o faz decodificar e memorizar novos sons. Assim como beija-flores, tem núcleos cerebrais dedicados aos sons mais complexos. Outro aspecto interessante é que o controle da siringe – órgão presente em todos os pássaros, equivalente às cordas vocais humanas – permite ao papagaio emitir sons articulados que vão além de melodiosos assobios. Além disso, a anatomia do bico turbina o som, e a língua e o palato – parte superior interna – fazem o som reverberar e sair mais potente.

> Como a voz natural dos papagaios tem características comuns à fala humana, como timbre rico em harmônicos e modulações suaves, a "imitação" fica quase perfeita.

A produção de um cartaz a partir das informações também é uma forma de divulgação. O cartaz apresenta uma linguagem sintética e objetiva. A distribuição adequada no seu espaço e o uso de diferentes tipos de letras, símbolos e ícones também contribuem para a leitura rápida e objetiva das informações. Então, diferentemente da prática bastante comum de pedir que os alunos façam um cartaz em casa, este deve ser produzido em sala de aula, pois se trata de um gênero textual no qual entram elementos linguísticos variados.

Versão em cartaz

Papagaio-cinza-africano: a mais falante das aves

- vive em bandos;
- usa o canto para se comunicar;
- decodifica e memoriza novos sons;
- emite sons articulados;
- turbina o som pela anatomia do bico.

CRÉDITO: Fotolia

Vale ressaltar que antes de pedir que os alunos escrevam, é necessário deixar claro quem será o interlocutor do texto, qual a finalidade da escrita, onde o texto será veiculado, quais as características estruturais do gênero textual. Além disso, é importante lembrar que a produção de textos deve estar vinculada às situações reais e significativas promovidas em sala de aula, mas que quanto mais reais forem os interlocutores, mais os alunos se sentirão responsáveis pelo que escrevem, inclusive em relação à correção formal e ao uso de letra legível.

Caso contrário, escrever passa a ser uma atividade artificial – o preenchimento de linhas nas quais não podemos ver a ação do sujeito da linguagem, mas apenas de alguém que se sujeita a um tema e a uma proposta escolar. Nesse sentido, o aluno espera fórmulas prontas, traduzidas em "técnicas de redação" que originam um repertório de chavões, frases feitas e estruturas-padrão.

quatropontoseis
O trabalho com a reestruturação de textos

A reestruturação de textos é um trabalho de cumplicidade entre quem escreve (aluno) e alguém de fora (professor) que "dá uma mão" e auxilia quem ainda não é crítico o suficiente de seus textos a conseguir sua melhor versão.

A reestruturação é parte do processo de produção de textos, pois, diferente da correção, cujo objetivo é dar uma nota, visa à melhoria da estrutura do texto produzido. Além disso, pressupõe que quem escreve se responsabiliza por seu texto, o que exige o fazer e o refazer em busca da clareza, coerência, coesão e adequação formal, sempre com a mediação do professor.

Essa intervenção no texto produzido pelo aluno pode acontecer no momento da produção, quando quem escreve pede sugestões e orientações, e da reestruturação textual coletiva e individual.

Diferente da correção, em que o professor marca os erros e dá uma nota, na reestruturação o professor indica o que deve ser mudado e é o próprio aluno quem faz as alterações. Isso pode ser feito de diversas maneiras, como sublinhando os problemas de ortografia para que o aluno busque a forma correta no dicionário e por meio de um código de correção, que será mais ou menos abrangente dependendo do domínio linguístico de cada turma. Por exemplo, indicar na correção os seguintes símbolos:

□ pontuação   < letra maiúscula   δ parágrafo   ϕ sem coesão

Outro recurso bem interessante para os textos produzidos no computador é o de revisão do Word®. Veja um exemplo:

Texto original

De acordo com as pesquisas Retratos da Leitura no Brasil, um leitor é aquele que leu inteiro ou em partes nos últimos três meses. Sendo constatado através da pesquisa realizada em 2011 que 53% da população brasileira não leu nos três meses por falta de tempo. Se as pessoas estão cada vez mais adeptas à tecnologia, por que não trabalhar com a leitura dos *e-books* e livros digitais? A pesquisa mostrou que 45% da população nunca ouviu falar sobre isso. Acredito que com mais investimentos tecnológicos nas escolas, os professores poderiam de repente trabalhar com este método mais moderno e atrativo.

Texto com sugestões do professor no recurso revisão

De acordo com a pesquisa Retratos da Leitura no Brasil, leitor é aquele que leu um livro inteiro ou em partes nos últimos três meses. Foi constatado, por meio da pesquisa realizada em 2011, que 53% da população brasileira não leu nos últimos três meses, afimando que a causa foi por falta de tempo. Então, se as pessoas estão cada vez mais ligadas à tecnologia, por que não trabalhar com a leitura dos *e-books?* A pesquisa mostrou que 45% da população nunca ouviu falar sobre isso. Acredito que com mais investimentos tecnológicos nas escolas, os professores poderiam trabalhar com esse recurso mais moderno e atrativo.

> ### Texto revisto pelo aluno
>
> De acordo com a pesquisa Retratos da Leitura no Brasil, leitor é aquele que leu um livro inteiro ou em partes nos últimos três meses. Foi constatado, por meio da pesquisa realizada em 2011, que 53% da população brasileira não leu nos últimos três meses, afirmando que a causa foi por falta de tempo. Então, se as pessoas estão cada vez mais ligadas à tecnologia, por que não trabalhar com a leitura dos *e-books*? A pesquisa mostrou que 45% da população nunca ouviu falar sobre isso. Acredito que com mais investimentos tecnológicos nas escolas, os professores poderiam trabalhar com esse recurso mais moderno e atrativo.

O momento mais rico da reestruturação é o trabalho com a estrutura do texto (e não apenas com seus aspectos formais). Nesse momento, os alunos são desafiados a completar informações e separar ideias com o auxílio da pontuação, dos elementos coesivos e da organização dos parágrafos. Também são selecionados aspectos importantes para:

a. completar ideias (o quê? onde? quando?);
b. eliminar redundâncias (de palavras, expressões ou ideias que se repetem: fazem falta? podemos substituí-las? como?);
c. adequar a pontuação (que ponto coloco aqui? por quê?).

Na reestruturação são trabalhados os aspectos relacionados, entre outros:

- à coerência e à coesão;
- à pontuação;
- aos discursos direto e indireto;
- à paragrafação;
- às redundâncias (informações que se repetem desnecessariamente no texto);
- às repetições;
- à concordância nominal (relações de gênero e número necessárias para a adequação do texto à norma-padrão, as quais derivam de combinações de adjetivos, pronomes, numerais e artigos com o substantivo);
- à concordância verbal (as relações entre sujeito, verbo e complementos);
- à argumentação (utilização de recursos de natureza lógica e linguística que possam persuadir o leitor para as teses defendidas no texto).

A reestruturação de textos pelos alunos proporciona uma série de situações de reflexão. Veja a seguir como trabalhar algumas delas:

- Frases muito longas, com trechos confusos – Mostrar ao aluno como reduzir o trecho, por meio da criação de frases mais curtas e do emprego de pontuação.
- Frases incompletas – Ajudar o aluno a realizar a complementação necessária, propondo-lhe reflexões para desenvolver o texto.

- Parágrafos sem articulação – Mostrar ao aluno formas de relacionar o novo parágrafo ao anterior.
- Emprego de termos genéricos, chavões, expressões do senso comum e de palavras não adequadas ao contexto – Sugerir expressões mais adequadas ou mais específicas.
- Emprego de elementos inadequados ao gênero do texto – Ajudar o aluno a identificar os elementos típicos do gênero do texto que está sendo trabalhado – como diferenças de organização e sequenciação, particularidades linguísticas lexicais e gramaticais –, despertando a curiosidade dele para a investigação sobre a língua portuguesa e criando situações desafiadoras para essa reflexão.

Com esse trabalho, estaremos conscientizando o aluno da necessidade de voltar ao texto, assumir o papel de seu revisor e perceber que o bom texto não nasce pronto, mas é resultado da leitura, releitura, escrita e reescrita, sempre em busca da melhor forma.

Para saber mais

Desde seu lançamento, em 2001, a pesquisa Retratos da Leitura no Brasil tornou-se referência no país ao tratar do *comportamento leitor*. Seus resultados foram amplamente divulgados e orientaram, além de estudos e projetos, a implantação de políticas públicas do livro e da leitura no país.

INSTITUTO PRÓ-LIVRO. Retratos da leitura no Brasil. Disponível em: <http://www.prolivro.org.br/ipl/publier4.0/dados/anexos/2834_10.pdf>. Acesso em: 11 jun. 2014.

Síntese

O texto é o núcleo do trabalho em Língua Portuguesa, pois apenas nele a linguagem em uso se configura. É por meio da leitura e da escrita de diferentes gêneros que os alunos podem, de fato, compreender e se apropriar das práticas sociais, assim como da norma-padrão. As práticas de escrita, análise linguística e reestruturação textual possibilitam aos alunos comparar o funcionamento da fala e da escrita, assim como compreender os processos de coerência e coesão, dimensões essenciais do que chamamos de *texto*.

Atividades de autoavaliação

1. Leia um trecho da reportagem a seguir:

> "Chegamos", diz meu guia Júlio Ayala, um típico equatoriano, nascido numa pequena vila aos pés do gigante e nevado vulcão Cotopaxi. Mas agora Júlio é um dos muitos nativos que abandonaram as vilas e que trabalham levando amantes da natureza a admirarem as florestas da região. Quando ainda recuperava o fôlego da longa e exaustiva caminhada, o guia me chama novamente. "Pode deixar as malas aqui, pegue somente sua câmera sem *flash*, por favor", e assim ele me conduz até a beira de um barranco. Ainda estava escuro, e pouco se via na densa floresta. O sono e a exaustão física tentavam me derrubar, mas, de repente, um som na mata faz meu coração acelerar.

> Um vulto cor de sangue escuro corta a copa das árvores num voo barulhento, pousa na vegetação densa e o perco de vista, mas seu canto não deixa dúvidas de quem é. Forte, grave e rouco, parecido com um rugido. Era a voz do galo-da-serra-andino. O dia começa a clarear, mas a névoa ainda ofusca o que está diante de mim. Agora eram dois, três, dez... Em minutos, eram uns 40. Galhos balançavam por todos os lados, o som era ensurdecedor, o meu coração batia forte. Os primeiros raios de sol passam por cima das montanhas e iluminam de vez o palco. Luzes vermelhas se agitam por todos os lados, uma cor forte que jamais tinha visto. Uns 40 galos-da-serra dançam bem na minha frente, machos tentando chamar a atenção de uma fêmea. Um espetáculo único no mundo. Anos viajando pelo mundo em busca de animais não me haviam preparado para este momento. Imagino o que passa pela cabeça de meu colega Danilo, um engenheiro de computação que abandonou as horas trancado num escritório para ver esse *show*. Sua expressão já dizia tudo. E, atrás de nós, o guia Júlio estampava um sorriso orgulhoso.

FONTE: Krajewski, 2012, p. 26, grifo do original.

Podemos dizer que o texto lido tem características que o inserem no domínio do:

a. narrar, centrado na criação de um enredo ficcional, composto de personagens, tempo, espaço e narrador.
b. relatar, centrado na representação de experiências vividas, situadas no tempo.

c. argumentar, centrado na sustentação, refutação e negociação de tomadas de posição.
d. expor, centrado na apresentação textual de diferentes formas dos saberes.

2. Nas produções escritas dos alunos de 6º ano, são comuns textos como o apresentado a seguir:

> A água é muito importante para o ser humano. Não é possível para o ser humano viver sem água. Todos os dias, lemos notícias sobre o descuido do ser humano com a água. É preciso que o ser humano preserve a água.

Para melhorar a escrita desse texto, deve-se investir em atividades que abordem:
a. a coesão textual.
b. a ortografia.
c. a pontuação.
d. a gramática normativa.

3. Leia o texto a seguir:

> Pode-se colocar que a palavra existe para o locutor sob três aspectos: como *palavra neutra* da língua e que não pertence a ninguém; como *palavra do outro* pertencente aos outros e que preenche o eco dos enunciados alheios; e, finalmente, como palavra *minha*, pois, na medida em que uso essa palavra numa

> determinada situação, com uma intenção discursiva, ela já se impregnou de minha expressividade. Sob estes dois últimos aspectos, a palavra é expressiva, mas esta expressividade, repetimos, não pertence à própria palavra: nasce no ponto de contato entre a palavra e a realidade efetiva, nas circunstâncias de uma situação real, que se atualiza através do enunciado individual. (...) A época, o meio social, o micromundo – o da família, dos amigos e conhecidos, dos colegas – que vê o homem crescer e viver, sempre possui seus enunciados que servem de norma, dão o tom; são obras científicas, literárias, ideológicas, nas quais as pessoas se apoiam e às quais se referem, que são citadas, imitadas, servem de inspiração. Toda época, em cada uma das esferas da vida e da realidade, tem tradições acatadas que se expressam e se preservam sob o invólucro das palavras, das obras, dos enunciados, das locuções etc.

FONTE: Bakhtin, 2003, p. 313, grifo do original.

Para Bakhtin, a produção discursiva do locutor está atrelada:

a. à expressão dos valores dominantes, razão pela qual a linguagem deve ser entendida como representação da norma culta.
b. à possibilidade de haver neutralidade de sentido, razão pela qual a linguagem deve ser entendida como isenta de ideologia.
c. ao embate dialógico dos interlocutores, razão pela qual a linguagem deve ser entendida como uma prática individual.
d. às condições de produção do discurso, razão pela qual a linguagem deve ser entendida como uma prática social.

4. Ler, na perspectiva da formação de leitores, consiste em:
   a. unir letras em palavras, palavras em frases e frases em parágrafos.
   b. buscar primeiramente os pormenores da informação, depois a ideia central.
   c. perceber que em todo texto há alguém, em um determinado tempo e lugar, que expressa suas visões de mundo.
   d. saber reconhecer os elementos estruturais do texto.

5. A escola pode contribuir para a formação de leitores:
   a. abrindo espaços reais de convivência e compartilhamento de leituras.
   b. criando condições para os alunos retomarem o texto e, na retomada, possam compreendê-lo.
   c. oportunizando um conjunto amplo de procedimentos que envolvem as práticas de leitura.
   d. Todas as alternativas anteriores estão corretas.

Atividades de aprendizagem

Questões para reflexão

1. Segundo a pesquisa Retratos da Leitura no Brasil, indicada anteriormente, leitor é alguém que leu, inteiro ou em partes, pelo menos um livro nos últimos três meses, e não leitor é aquele que não leu nenhum livro nesse período, mesmo que tenha lido nos últimos 12 meses. Em que categoria você se encaixa? Que tipo de livros você costuma ler? Que avaliação você faz da sua caminhada de leitura em relação às necessidades que ser professor de Língua Portuguesa exigem?

2. Faça um levantamento com seus colegas utilizando o quadro a seguir:

	Número de pessoas da turma
Leitores (leram mais de três livros nos últimos três meses)	
Não leitores (não leram mais de três livros nos últimos três meses)	
Gêneros textuais mais lidos	

Com base nos dados obtidos, elabore um texto que sintetize as conclusões a que você chegou.

Atividade aplicada: prática

Escolha algumas questões da pesquisa Retratos da Leitura no Brasil e aplique-as em uma escola (pode ser em todas as turmas ou em uma turma específica). Compare os dados obtidos com os da pesquisa original e, com base neles, elabore uma proposta de intervenção.

{

um	a legislação brasileira que orienta o ensino de língua portuguesa
dois	toda metodologia expressa uma concepção de linguagem (e mundo)
três	o trabalho com a oralidade
quatro	as diferentes formas de trabalho com o texto
# cinco	**o estudo da norma-padrão por meio da análise linguística**
seis	um gênero textual, muitas práticas com a linguagem
sete	como planejar uma aula em uma perspectiva sociointeracionista
oito	avaliar: controlar, punir ou diagnosticar?

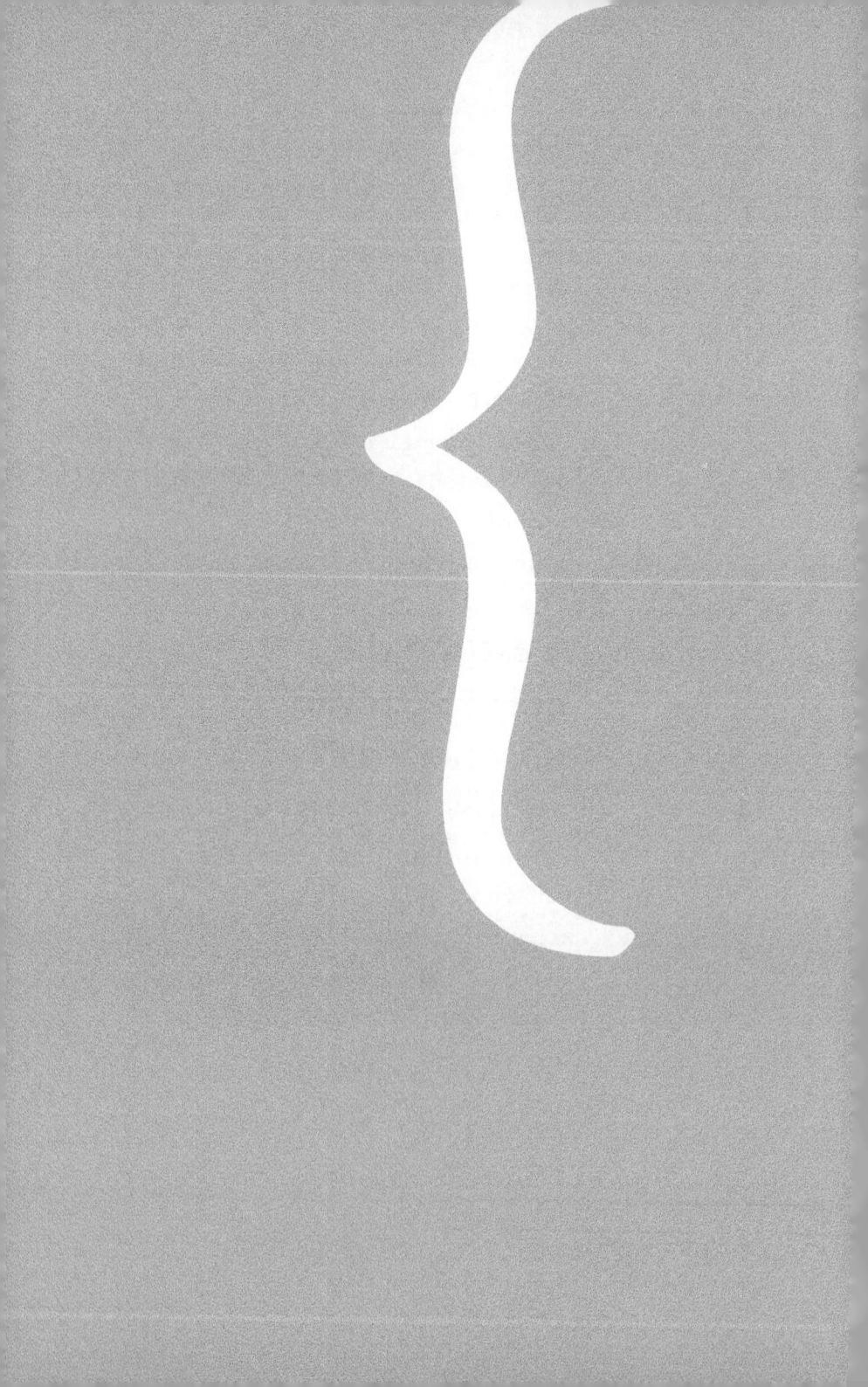

Muitas vezes, ensinar língua portuguesa é confundido com trabalhar ortografia e gramática normativa. O educador brasileiro Darcy Ribeiro (1995, p. 42) comenta sobre essa "gramatiquice":

> *Acho que a maior parte da gramática que se ensina na escola é inútil. Metade dela é decoreba de nomes complicadíssimos, que não servem para coisa nenhuma. Por exemplo, elipse, próclise, ênclise, paragoge, epêntese, anaptixe, síncope, zeugma, aférese, anacoluto, anástrofe, prolepse, sínquise, assíndeto, silepse e apócope. Parece nome de lagartixas em língua estrangeira, não parece?*
>
> *Pior ainda, é a insistência em complicar análises lógicas de textos clássicos. Há professor que se esmera em forçar seus alunos a analisarem textos de Camões. Os idiotas ignoram que*

Camões não sabia gramática. Não podia saber, porque a primeira gramática se publicou depois da morte dele.

A gramática é o esqueleto da fala. Assim como você não precisa saber tudo sobre o seu esqueleto para andar, não precisa também saber gramática para falar e escrever. Uma pessoa sem esqueleto seria um saco de carne que se levaria daqui para acolá, mas que não poderia mover-se. Uma língua sem gramática é a mesma coisa: se dissolveria. Mas a gramática está embutida lá dentro, para manter as formas linguísticas. Conhecê-la é matéria e assunto de especialistas.

O deslocamento do trabalho baseado na gramática normativa para a análise linguística talvez seja um dos pontos que mais gere polêmica em relação ao ensino de língua portuguesa em uma perspectiva sociointeracionista. Paulo Leminski, em um tom irônico e irreverente, faz uma crítica ao ensino da gramática normativa:

> Meu professor de análise sintática era o tipo do sujeito
> [inexistente.
> Um pleonasmo, o principal predicado da sua vida,
> regular como um paradigma da 1ª conjugação.
> Entre uma oração subordinada e um adjunto adverbial,
> ele não tinha dúvidas: sempre achava um jeito
> assindético de nos torturar com um aposto.
> Casou com uma regência.
> Foi infeliz.

> Era possessivo como um pronome.
> E ela era bitransitiva.
> Tentou ir para os EUA.
> Não deu.
> Acharam um artigo indefinido em sua bagagem.
> A interjeição do bigode declinava partículas expletivas,
> Conetivos e agentes da passiva, o tempo todo.
> Um dia, matei-o com um objeto direto na cabeça.

FONTE: Leminski, 1983, p. 14.

O poeta (diferente do professor), ao criar uma história com termos próprios da gramática normativa, consegue dar sentido à metalinguagem que, para o aluno, não passa de um conjunto de termos a serem decorados. Trata-se de um ensino baseado em regras que procuram não só normatizar, mas congelar a língua em um determinado padrão em detrimento de suas outras variedades por meio da memorização dessas regras. A análise linguística, de outro lado, apoia-se, de acordo com os Parâmetros Curriculares Nacionais – PCN (Brasil, 1997, p. 78), em dois fatores, os quais tornam possível a organização de trabalhos didáticos de análise e reflexão sobre a língua:

- a capacidade humana de refletir, analisar e pensar sobre os fatos e os fenômenos da linguagem; e
- a propriedade que a linguagem tem de poder referir-se a si mesma, de falar sobre a própria linguagem.

Ao aprender a falar, a criança demonstra fazer análise linguística quando, por exemplo, regulariza todos os verbos ou inventa palavras baseadas nas que já conhece. Por isso, as crianças que estão começando a falar dizem "eu fazi", por analogia com "eu comi", "eu dormi" etc. Quando lemos ou escrevemos, estamos, mesmo que de forma subliminar e implícita, fazendo análise linguística, pensando sobre os aspectos textuais, fazendo análise de usos da língua, explorando os sentidos dos textos e, consequentemente, os recursos da gramática da língua.

A escola deve trazer à tona essa ação e promover situações diversas e sistematizadas de reflexão sobre a linguagem, proporcionando aos alunos a compreensão sobre o funcionamento da escrita. Isso é diferente de ensinar nomes e definições das classes gramaticais, diferenças entre ditongos, tritongos e hiatos, listas de coletivos, listas de aumentativos e diminutivos, formas de plural e feminino (muitas vezes em desuso), colocação pronominal sem aplicabilidade e regras que têm mais exceções do que regularidades, por exemplo.

A prioridade passa a ser "criar oportunidades (oportunidades diárias) para o aluno construir, analisar, discutir, levantar hipóteses, a partir de diferentes gêneros de textos – única instância em que o aluno pode chegar a compreender como, de fato, a língua que ele fala funciona" (Antunes, 2003, p. 37).

A reflexão linguística permite que os alunos façam análises e observações, apresentem questionamentos, explicitem e organizem seus conhecimentos implícitos sobre as linguagens oral e escrita. É importante ressaltar que conhecer a gramática de uma língua é bastante diferente do que conhecer essa língua.

O domínio efetivo e ativo de uma língua dispensa o domínio de uma metalinguagem técnica. Para dar um exemplo óbvio, segundo Sírio Possenti (1996), uma criança de três anos que fala inglês usualmente sabe mais sobre esse idioma que um adulto que tenha estudado a gramática do inglês durante anos, mas não tem condições de guiar um turista americano durante um passeio.

De acordo com Travaglia (1995, p. 87),

> a gramática de uso é não consciente, implícita e liga-se à gramática internalizada do falante. No ensino, ela se estrutura em atividades que buscam desenvolver automatismos de uso das unidades, regras e princípios da língua (ou seja, dos mecanismos desta), bem como os princípios de uso dos recursos das diferentes variedades da língua. [...] Nas atividades de gramática de uso não se explicitam os elementos de descrição da língua e seu funcionamento para o aluno. O professor é que tem de saber muito sobre a língua (sua estrutura e funcionamento) para selecionar e ordenar conteúdos e montar exercícios adequados ao ensino da habilidade que pretende que seja adquirida.

Em relação à gramática reflexiva, Travaglia (1995, p. 56) explica que ela surge da "reflexão com base no conhecimento intuitivo dos mecanismos da língua e será usada para o domínio consciente" tanto de uma língua que o aluno já domina inconscientemente quanto para a aquisição de novas habilidades linguísticas. A proposta é uma reflexão que:

resulta num trabalho de descrição gramatical de aspectos fundamentais para o uso da língua a que tradicionalmente não se tem dado a devida importância ou com os quais não se tem feito um trabalho sistemático nas atividades de ensino/aprendizagem de língua materna. [...] é preciso ampliar a concepção que, como professores, temos tido do que seja gramática. (Travaglia, 1995, p. 89)

Na perspectiva da análise linguística, mesmo um aspecto pontual como a ortografia parte da perspectiva da reflexão. Especialmente no que diz respeito à ortografia, há professores que defendem que o aluno aprenderia a escrever ortograficamente com o tempo, a prática, a leitura e a produção de textos; outros dizem que é necessário treinar com afinco a ortografia de modo tradicional, fazendo o aluno repeti-la, para, na sequência, verificar se está escrevendo corretamente. Outra ideia é que o peso da tradição gramatical leva muita gente a confundir *saber a língua* com *saber a ortografia oficial da língua* (Bagno, 2003, p. 74). Porém, esses são dois saberes diferentes, pois enquanto um é natural, adquirido de modo espontâneo, o outro é artificial, aprendido quase sempre a duras penas. Além disso, na tradição escolar o erro parece ter mais valor do que o acerto, pois é ele que determina "a nota".

De outro lado, ao escrever e reler seu texto, o aluno precisa refletir sobre as decisões que está tomando de modo ativo, observando porque acertou ou, quando esse é o caso, cometeu determinado erro ou fez uma escolha inadequada para determinado contexto. As atividades propostas, então, ao contrário de serem baseadas na memorização, devem gerar a dúvida, assim como a transgressão, fazendo desencadear um processo em que acertos e erros são tomados como objeto de reflexão coletiva.

Uma das primeiras reflexões a se fazer com os alunos é sobre um mito em relação à escrita ortográfica: o de que ela é difícil e, por isso, deveríamos escrever do jeito que falamos. Assim é preciso lembrá-los que, no sistema alfabético,

> *As letras do alfabeto nunca teriam "unidades puras" a que substituir na hora de escrever. Ou adotaríamos transcrições fonéticas, em que a identidade dos significantes (palavras escritas) se perderia em função das variações de pronúncia dos usuários ou estabeleceríamos acordos sobre como escrever cada palavra, independentemente das diferentes pronúncias que pudesse assumir na fala de seus muitos usuários ao longo do planeta.* (Morais, 1999, p. 46)

O ensino da norma ortográfica deve ser composto por atividades sistemáticas de reflexão sobre as alternativas possíveis para a notação das palavras – as regras –, que devem ser realizadas paralelamente às atividades de leitura, produção, revisão e reestruturação de textos. Essas atividades devem levar os alunos a pensar sobre as palavras, de modo isolado e também contextualizado, comparando como poderiam ser escritas além da forma ortográfica, duvidando das hipóteses elaboradas, confirmando-as ou não. Afinal, "assim como não se espera que um indivíduo descubra sozinho as leis de trânsito – outro tipo de convenção social –, não há por que esperar que os alunos das nossas escolas descubram sozinhos a forma correta de grafar as palavras." (Morais, 1999, p. 47). Veja alguns exemplos dessas práticas:

- Ditado de palavras – Espaço de tentativas de escrita, comparação, levantamento de hipóteses, compreensão da lógica da escrita ortográfica. Por exemplo, ao ditar a palavra *exceção*, o professor pode se deparar com várias escritas, todas lógicas dentro do sistema alfabético (tanto que podemos ler as palavras), mas apenas uma é a forma ortográfica.
- Ditado para anotar as dúvidas – Realizado em grupos, sendo que cada grupo tem seu anotador de dúvidas – um aluno que não escreve as palavras ditadas, mas apenas anota as dúvidas dos colegas. Assim, o professor tem pistas sobre as dúvidas, os conhecimentos ou desconhecimentos de regras e o conteúdo que precisa ser ensinado.
- Atividades de transgressão – Os alunos apontam uma lista de palavras de um texto que esteja sendo estudado e escreve a forma como imaginam que uma criança do 1º ano, por exemplo, poderia escrevê-la e, ao final, explicam por que ela poderia fazer confusão. Veja um exemplo.

Quadro 5.1 – Quadro de reflexão sobre a ortografia

Palavra selecionada	Qual grafia uma criança de 1º ano poderia usar?	Por que ela poderia se confundir?
Balde	Balde, baude ou barde (dependendo da variação dialetal)	1. Porque na língua falada o som do *l* no final da sílaba é igual ao som do *u*. 2. Porque em algumas regiões do Brasil os falantes usam *r* e não *l* em palavras desse tipo.

FONTE: Adaptado de Morais, 1999, p. 47.

A atividade de transgredir é diferente de errar, porque implica um conhecimento consciente da restrição, regra, norma ou convenção que rege aquilo que se transgride. Assim, ainda que o aluno não seja capaz de explicitar o saber verbalmente num primeiro momento, ele caminha para a formalização desse conhecimento se sua intuição ou seus conhecimentos implícitos forem discutidos e confrontados com os colegas. Nesse sentido, podem ser propostas atividades como as seguintes:

+ agrupamento ou classificação, a partir de listagens ou pesquisas de palavras em revistas, jornais, folhetos etc., envolvendo uma dificuldade ortográfica específica;
+ *stop* ortográfico: o desafio é encontrar palavras em situações específicas, como é ilustrado no Quadro 5.2:

Quadro 5.2 – *Stop ortográfico*

letra	SS	-AM no final	-ÃO no final	U no final	L no final	-M no final
M	massa	mascaram	macarrão	meu	mel	motim

Qualquer atividade proposta não deve perder de vista que a ortografia é um dos inúmeros aspectos da língua a serem investigados. Caso contrário, a história relatada por Rubem Alves, em entrevista à revista *Língua Portuguesa* em julho de 2007, terá continuidade nas nossas salas de aula:

> *Língua Portuguesa*: Você faz muita consulta a dicionários e livros de referência sobre a língua?
>
> *Rubem Alves*: Conheci uma escola em Portugal, a Escola da Ponte, em que as crianças, logo que aprendem a ler, aprendem também o prazer dos dicionários. [...]
>
> *Língua Portuguesa*: Você tem dificuldade com algum aspecto da língua?
>
> *Rubem Alves*: Tenho. Vivo errando a ortografia. Havia aqui em Campinas um senhor que me escrevia cartas sistematicamente para corrigir-me dos meus erros de ortografia. Era como um convidado que se metia numa sopa que eu estava servindo aos meus amigos e, sem dizer que a sopa era boa, reclamava que a tigela estava lascada.

FONTE: Adaptado de Alves, 2007.

Estudar a língua portuguesa requer o aprofundamento da consciência linguística, que surge por meio da reflexão – e não por mero reconhecimento e memorização.

Ou seja, o objetivo do estudo da gramática não é a memorização de terminologias e conceitos prontos, mas uma oportunidade para a reflexão sobre a organização da linguagem escrita por meio do estudo do texto em função da sua compreensão, abrangendo:

- análise do texto, tendo em vista compreender como se constrói a coerência;
- levantamento dos elementos que dão coesão ao texto;
- reescrita de trechos, observando as diferentes possibilidades que a linguagem oferece;
- montagem de esquemas que sintetizem a organização do texto;
- estudo dos tópicos de escrita para compreender a organização da norma-padrão;
- comparação entre textos orais e escritos.

Sugestão 1

Aspectos que se destacam nos textos podem ser utilizados em atividades de análise linguística. No texto "No hall dos maiores", apresentado no Capítulo 4, o autor utiliza alguns recursos estilísticos que podem ser analisados. Por exemplo, há uma situação em que a relação de causa e consequência ocorre de forma bastante interessante:

Cielo é celebrado na Europa, nos EUA e na Austrália. Isso porque reconhecem sua técnica e brilhantismo. Isso, porque César ultrapassa a barreira de seu país. (Desidério, 2009)

O primeiro "porque" estabelece a seguinte relação:

> - Causa – Europa, EUA e Austrália reconhecem a técnica e o brilhantismo de Cielo.
> - Consequência – Cielo é celebrado na Europa, nos EUA e na Austrália.

E o segundo "porque":

> - Causa – Europa, EUA e Austrália reconhecem a técnica e o brilhantismo de Cielo.
> - Consequência – Cielo ultrapassa a barreira de seu país.

Essa relação também pode ser observada em um exemplo simples:

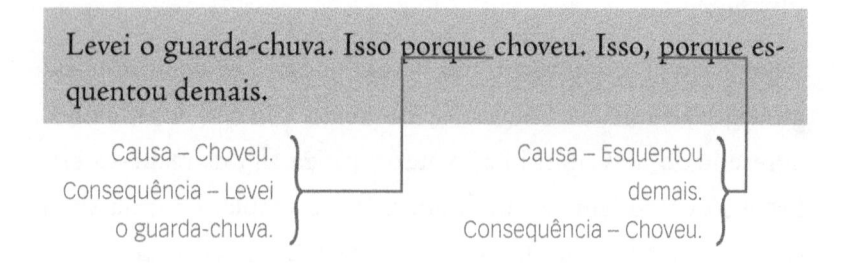

> Levei o guarda-chuva. Isso porque choveu. Isso, porque esquentou demais.

Causa – Choveu.
Consequência – Levei o guarda-chuva.

Causa – Esquentou demais.
Consequência – Choveu.

Refletir sobre esse trecho leva os alunos a uma melhor compreensão do que é dito, além da percepção do uso estilístico do "porque" no estabelecimento da relação causa/consequência. Outro exemplo dessa possibilidade estilística é o *slogan* da propaganda de biscoitos Tostines:

> Vende mais porque é fresquinho ou é fresquinho porque vende mais?

É como se o leitor fosse colocado em um movimento circular, em espiral, no qual a relação entre causa e efeito parece inverter-se constantemente.

Ainda no texto *No hall dos maiores*, no primeiro parágrafo, temos o seguinte:

> Não que ele precisasse. Mas neste sábado, 1º de agosto, César Cielo provou que não é apenas um ídolo do esporte brasileiro. Ele é um dos grandes do esporte mundial. (Desidério, 2009)

A expectativa do leitor talvez fosse a de ler:

> Não que César Cielo precisasse. Mas neste sábado, 1º de agosto, ele provou que não é apenas um ídolo do esporte brasileiro. Cielo é um dos grandes do esporte mundial.

Ao começar o texto com o pronome e depois apresentar o seu referente, invertendo a expectativa de quem lê, o autor provoca estranhamento e curiosidade, movendo o leitor em direção ao texto.

Assim como esses fenômenos linguísticos, outros poderiam ser destacados do texto, a fim de serem analisados de forma mais topicalizada, e, a partir deles, situações semelhantes irem ampliando a compreensão dos fenômenos.

Sugestão 2

Atividades de articulação entre o plano de conteúdo e o plano de expressão propiciam reflexões muito interessantes e devem ser realizadas sistematicamente. Vejamos um exemplo a partir da análise do título de um texto:

> Papagaios falam mesmo?

a. Qual pode ser o assunto de um texto com esse título?
b. Que expressão do título põe em dúvida uma capacidade dos papagaios?

A primeira questão encontra-se no plano de conteúdo do texto e refere-se à temática: a (suposta) capacidade de falar dos papagaios. Já a segunda explora o plano de expressão e convida o aluno a uma reflexão sobre o modo de dizer do texto: *mesmo* é a palavra que modifica o sentido do título, pondo em dúvida a capacidade de fala atribuída aos papagaios.

Um outro trabalho nesse sentido pode ser feito a partir do cotejo entre textos. Vamos comparar o início da fábula "A raposa e as uvas" das versões de Monteiro Lobato e Ruth Rocha:

> Certa raposa esfaimada encontrou uma parreira carregadinha de lindos cachos maduros, coisa de vir água à boca. Mas tão altos que nem pulando.

FONTE: Lobato, 1977, p. 57.

> Uma raposa passou por baixo de uma parreira carregada de lindas uvas. Ficou logo com muita vontade de apanhar as uvas para comer. Deu muitos saltos, tentou subir na parreira, mas não conseguiu.

FONTE: Rocha, 1992, p. 10.

Na versão de Monteiro Lobato, a raposa estava "esfaimada"; na de Ruth Rocha, apenas "ficou com muita vontade de apanhar as uvas para comer". Ou seja: a raposa descrita por Lobato precisava realmente do alimento para não morrer de fome. Lobato não fala em "uvas", mas em "lindos cachos maduros". Talvez ele imagine que o leitor já conheça a fábula e possa deduzir que são "lindos cachos de uva". Ruth Rocha usa a expressão *carregada* para adjetivar a parreira; Lobato emprega o termo *carregadinha*, dando um tom mais oral ao texto, complementado pela expressão "coisa de vir água à boca". A raposa de Lobato desiste logo da ideia de apanhar os cachos, pois eles estão muito altos e ela não pode gastar energia (está com muita fome; no limite de suas forças). Mas a raposa de Ruth Rocha pode se esforçar, dar saltos, tentar subir na parreira: ela está apenas "com muita vontade". Ou seja: além do fato de que "quem conta um ponto aumenta (e diminui...) um ponto", cada um conta a mesma história de acordo com a sua visão de mundo...

Sugestão 3

Compreender os elementos da estrutura composicional dos gêneros textuais é um dos objetivos da análise linguística. Vamos tomar como exemplo o estudo de um artigo jornalístico.

Os artigos jornalísticos fazem parte do agrupamento do argumentar: editoriais, cartas, charges, artigos de opinião. Este último é um gênero escrito por especialistas e pessoas influentes (os articulistas), que, a partir de um tema, geralmente polêmico, escolhem um ponto de vista a fim de convencer o leitor. Para isso, são usados recursos como a escolha adequada de informações e argumentos – e a articulação deles –, a descrição dos fatos, o uso de diferentes tipos de argumentos, como de autoridade (citando falas de pessoas conhecidas por dominarem a questão), causa e consequência, provas (referindo-se a estatísticas e outros dados de estudos sobre o problema) e princípios (quando se tratar de causa que envolva ética e moral). Há marcas linguísticas que anunciam a posição do articulista (como expressões similares a *penso que, do nosso ponto de vista*); são comuns os elementos coesivos que estabelecem relação de causa e consequência (*porque, pois*) introduzem a conclusão (*portanto, logo*); e, além disso, o texto traz diferentes vozes (*alguns dizem que, as pesquisas comprovam, os oftalmologistas argumentam que)*. Veja um exemplo a seguir.

Salvem os tubarões

Hollywood eternizou a fama assustadora de grande vilão dos mares. Mas agora quem pede socorro é ele. Na guerra entre o homem e o tubarão, a "fera" tem sido cruelmente massacrada. Segundo pesquisa recente realizada pela organização não governamental (ONG) inglesa Traffic em parceria com a ONG americana Pew Environment, 73 milhões de tubarões são mortos todos os anos. E os dados alarmantes não se restringem a isso. Atualmente, 30% de todas as espécies estão ameaçadas ou quase ameaçadas de extinção. O estudo também traz os 20 países que lideram a matança. Neles, concentram-se 80% da pesca mundial de tubarões.

A pesquisa foi feita uma década depois que a Organização das Nações Unidas para a Agricultura e Alimentação (FAO) anunciou um plano com dez pontos essenciais para a preservação das espécies de tubarões no mundo. Segundo a Traffic, até hoje não se sabe se algo realmente saiu do papel. "O destino dos tubarões está nas mãos desses países e a maioria não conseguiu demonstrar que está fazendo algo para salvar os animais.", afirma Glenn Sant, diretor do programa marinho global da Traffic.

> A pesca conhecida como *finning* é certamente causadora da matança. Consiste em cortar as barbatanas dos tubarões para vender no mercado chinês, onde a sopa é feita com esta parte do corpo do animal e é considerada afrodisíaca, além de ser sinônimo de status na alta sociedade.
>
> A crueldade do *finning* é tão grande que os animais são devolvidos ainda vivos, sangrando para morrer no fundo do mar.

FONTE: Adaptado de Projeto..., 2014.

É importante que os alunos entendam que a própria escolha das estruturas linguísticas e do léxico são resultado dos objetivos e das intenções do autor, sendo decisiva no convencimento do leitor. No texto em questão, por exemplo, para se referir à pesca de tubarões, são usadas as palavras *caça, guerra, matança, massacre, crueldade*, que qualificam negativamente o ato e reforçam o ponto de vista do autor, contrário a esse ato.

Também é bastante recorrente que textos de opinião sejam escritos na terceira pessoa, aparentando isenção dos dados apresentados. A prevalência de verbos no presente do indicativo e advérbios de tempo relacionados também ao presente aproxima o tema do leitor e atua como forma de convencimento. É o que se pode perceber já no primeiro parágrafo do texto:

> *Hollywood eternizou a fama assustadora de grande vilão dos mares. Mas agora quem pede socorro é ele. Na guerra entre o homem e o tubarão, a "fera" tem sido cruelmente massacrada. Segundo pesquisa recente realizada pela organização*

> não governamental (ONG) inglesa Traffic em parceria com a ONG americana Pew Environment, 73 milhões de tubarões são mortos todos os anos. E os dados alarmantes não se restringem a isso. Atualmente, 30% de todas as espécies estão ameaçadas ou quase ameaçadas de extinção. O estudo também traz os 20 países que lideram a matança. Neles, concentram-se 80% da pesca mundial de tubarões. (Projeto..., 2014, grifo nosso)

Outro aspecto interessante que também podemos encontrar no primeiro parágrafo é a presença de marcadores discursivos: elementos estilísticos que apontam a relação do discurso do autor com o discurso alheio e que, de certa forma, reforçam e isentam o autor das afirmações e informações. São exemplos de marcadores discursivos: *segundo, de acordo* etc.

No segundo parágrafo, temos exemplos de outras formas de marcar o discurso alheio: o uso de verbos *dicendi* (verbos introdutórios da fala) e o recurso das aspas (que marcam os limites do discurso direto e das palavras que não pertencem ao autor do texto):

> *A pesquisa foi feita uma década depois que a Organização das Nações Unidas para a Agricultura e Alimentação (FAO) anunciou um plano com dez pontos essenciais para a preservação das espécies de tubarões no mundo. Segundo a Traffic, até hoje não se sabe se algo realmente saiu do papel. "O destino dos tubarões está nas mãos desses países e a maioria não conseguiu demonstrar que está fazendo algo para salvar os*

animais.", afirma Glenn Sant, *diretor do programa marinho global da Traffic.* (Projeto..., 2014, grifo nosso)

Além de serem usadas como marcas do discurso direto, nesse texto as aspas também aparecem para marcar uma palavra que o autor quer que o leitor leia às avessas do uso corrente: "Na guerra entre o homem e o tubarão, a "fera" tem sido cruelmente massacrada." (Projeto..., 2014).

O que o autor leva o leitor a concluir ao colocar a palavra *fera* entre aspas é que os tubarões são assim chamados, mas não são cruéis; os homens é que o são.

Nos textos do agrupamento do argumentar, como é o caso do artigo jornalístico, é importante analisar a utilização dos indicadores modais, que indicam o acento valorativo do articulista. São exemplos desse recurso: *necessário/possível; certo/incerto, duvidoso; obrigatório/facultativo, talvez, provavelmente, certamente, possivelmente, não há dúvida de que, todos sabem que* etc. Podemos observar esse fenômeno no terceiro parágrafo:

> A pesca conhecida como finning é certamente a causadora da matança. Consiste em cortar as barbatanas dos tubarões para vender no mercado chinês, onde a sopa é feita com esta parte do corpo do animal e é considerada afrodisíaca, além de ser sinônimo de status na alta sociedade. (Projeto..., 2014, grifo nosso)

No último parágrafo, o uso do advérbio *tão* precisa ser destacado, pois reforça o ponto de vista do autor sobre a crueldade da prática do *finning*: "A crueldade do *finning* é tão grande que os animais são devolvidos ainda vivos, sangrando para morrer no fundo do mar." (Projeto..., 2014, grifo nosso).

Enfim, podemos dizer que o texto todo é construído a fim de que o leitor se convença do pedido/convite/ordem feito no título, por meio do uso do verbo no modo imperativo: "Salvem os tubarões".

A análise linguística de um texto nunca esgotará as possibilidades de reflexões que ele permite. Mas o que se espera, além de formar alunos capazes de refletir sobre a própria língua, é que cada texto estudado seja melhor compreendido, abrindo assim a possibilidade para que os próximos textos lidos sejam melhor compreendidos.

Síntese

A escola necessita trabalhar na perspectiva da análise linguística, ou seja, criando condições para que os alunos possam refletir sobre o funcionamento das linguagens oral e escrita. Trata-se de uma abordagem bastante diferente das tradicionais atividades de gramática, em que exercícios de repetição e memorização de conceitos, listas e regras descontextualizadas balizam o ensino de língua portuguesa. Para que a prática da análise linguística possa ser bem encaminhada, é necessário aprofundamento teórico e criatividade por parte do professor, a fim de criar estratégias que permitam aos alunos remontar os textos lidos, compreendendo a forma como estes se estruturam.

Atividades de autoavaliação

1. De acordo com Darcy Ribeiro (1995, p. 42), "a gramática está embutida lá dentro, para manter as formas linguísticas. Conhecê-la é matéria e assunto de especialistas". Nesse sentido, é possível afirmar que:
   a. a escola deve transmitir as regras e os conceitos da gramática normativa a fim de ensinar aos alunos a leitura e a escrita.
   b. o professor de Língua Portuguesa deve conhecer totalmente a gramática normativa para poder repassá-la integralmente aos alunos.
   c. estudar língua e estudar gramática são coisas bastante diferentes.
   d. ao ler e escrever os alunos vivenciam a gramática em uso.

2. O papel da análise linguística, no ensino de língua portuguesa, consiste em:
   a. esgotar as possibilidades de reflexões em cada texto trabalhado.
   b. apresentar os conceitos e as regras da gramática normativa.
   c. levar os alunos a refletirem sobre o funcionamento da língua.
   d. tratar da metalinguagem de forma mais agradável.

3. Assinale as alternativas que contêm os objetivos do trabalho com a análise linguística:
   a. Levar os alunos à compreensão dos processos de coerência e coesão textual.
   b. Estudar o funcionamento da norma-padrão.
   c. Contribuir para a memorização de conteúdos da gramática normativa.
   d. Explicitar as diferenças entre língua falada e língua escrita.

4. De acordo com as orientações dos Parâmetros Curriculares Nacionais (PCN), a escola deve trabalhar por meio da perspectiva da:
a. gramática reflexiva.
b. gramática em uso.
c. gramática normativa.
d. Apenas alternativas "a" e "b" estão corretas.

5. São temas tratados na análise linguística:
a. Coerência textual.
b. Coesão textual.
c. Concordância verbo-nominal.
d. Todas as alternativas estão corretas.

Atividade de aprendizagem

Questão para reflexão

Reflita se os livros didáticos de Língua Portuguesa atuais contemplam exercícios de análise linguística.

Atividade aplicada: prática

Elabore, com seus colegas, uma atividade de análise linguística, considerando as reflexões feitas neste capítulo.

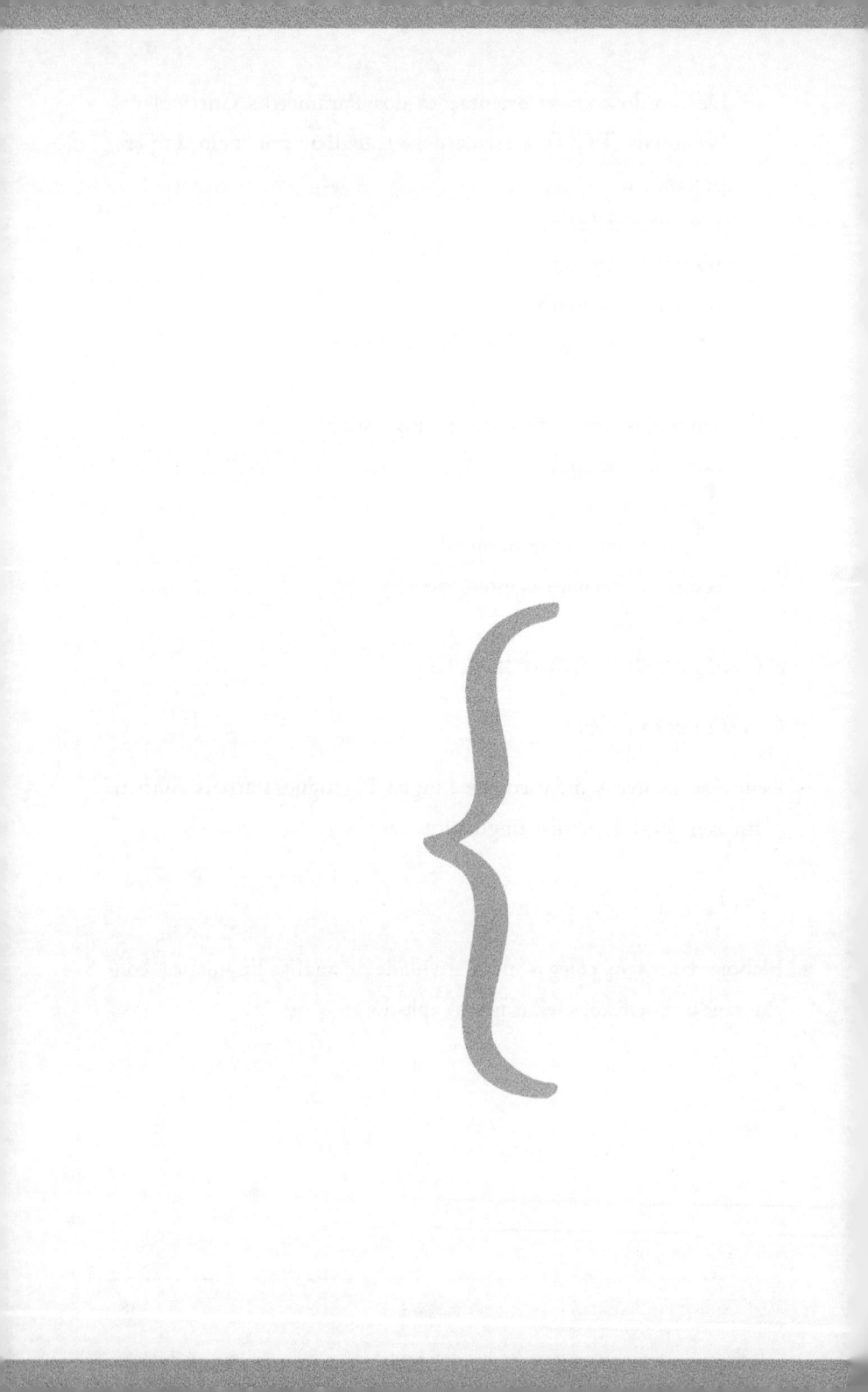

{

um	a legislação brasileira que orienta o ensino de língua portuguesa
dois	toda metodologia expressa uma concepção de linguagem (e mundo)
três	o trabalho com a oralidade
quatro	as diferentes formas de trabalho com o texto
cinco	o estudo da norma-padrão por meio da análise linguística
# seis	um gênero textual, muitas práticas com a linguagem
sete	como planejar uma aula em uma perspectiva sociointeracionista
oito	avaliar: controlar, punir ou diagnosticar?

❰ NESTE CAPÍTULO, APRESENTAREMOS a sugestão de um trabalho envolvendo as práticas de oralidade, leitura e escrita com textos de divulgação científica, que se constituem por meio da intersecção de dois outros gêneros: os discursos científico e jornalístico na condição de transmissores de informação.

Para facilitar o acesso a um número maior de leitores, o texto de divulgação científica associa o discurso científico ao discurso cotidiano, simplificando a linguagem utilizada pela comunidade científica. Essa recriação da linguagem permite a divulgação de um texto mais científico por meio de outro mais simplificado e acessível. Revistas como *Superinteressante*, *Globo Ciência*, *Ciência Hoje*, além de suplementos científicos presentes em jornais e revistas, são alguns exemplos de veículos que trabalham com esse gênero discursivo.

O trabalho pode ser iniciado a partir da leitura da capa de uma dessas revistas a fim de que os alunos revelem seus conhecimentos prévios sobre o gênero. Escolhemos a revista *Ciência Hoje das Crianças* por ela ser bastante comum nas bibliotecas escolares. Trata-se de uma revista feita pelo Instituto Ciência Hoje para despertar a curiosidade que está presente na vida de todos nós.

Figura 6.1 – Capa da revista *Ciência Hoje das Crianças*

CRÉDITO: Ciência Hoje

Uma série de perguntas pode trazer à tona aspectos importantes sobre a revista, o gênero textual e o tema tratado por ela. Por exemplo:

- Em qual mês e ano a revista foi publicada? – É importante mostrar aos alunos que as revistas apresentam uma periodicidade. Nesse caso, a revista é mensal e, de acordo com os dados da capa, de agosto de 2011. Além disso, como a ciência está sempre avançando, é preciso verificar a época da publicação e analisar se as informações apresentadas não estão desatualizadas.

- Que recursos da capa são usados para atrair crianças e jovens? – O uso de cores fortes, a ilustração bem humorada, o uso de letras grandes e de fontes variadas, bem como o nome da revista.

- Quais os temas que, de acordo com a capa, serão tratados na revista? – Investigação e ciência.

A edição 104 dessa revista, ilustrada na Figura 6.2, traz uma matéria especial sobre o nascimento do livro.

FIGURA 6.2 – CAPA DA EDIÇÃO 104 DA REVISTA *CIÊNCIA HOJE DAS CRIANÇAS*

CRÉDITO: Ciência Hoje

Leia um trecho da matéria principal a seguir:

Um trabalhão!

Na Idade Média, quando inventaram os livros manuscritos, pouca gente sabia ler – mesmo entre os nobres e reis. Acredite ou não, o grande Carlos Magno – rei da França e imperador de Roma entre os séculos VIII e IX, cuja grande marca foi o interesse pela cultura e pela sua divulgação – não sabia ler. Mas adorava que lessem para ele histórias de heróis das Cruzadas.

> Esses livros foram chamados *códices* – ou *códex* – e eram muito caros. Exigiam, em média, quatro meses de trabalho – tempo que, em alguns casos, podia se estender a um ou dois anos, se fosse um livro ricamente ilustrado. Para se escrever 200 páginas, por exemplo, eram necessários 25 carneiros só para a preparação do pergaminho! Isso quer dizer que de cada carneiro saíam, aproximadamente, 8 páginas de livro.

FONTE: Adaptado de Vieira, 2000, p. 15.

Uma das perguntas mais comuns feitas pela escola em relação aos textos lidos pelos alunos, independentemente do gênero textual, é "Qual o assunto tratado no texto?".

Parece que a resposta a essa pergunta é fácil e pode ser obtida intuitivamente. Nada disso. Compreender o assunto principal de um texto exige prestar atenção nas pistas linguísticas indicadas pelo tópico central; muitas vezes ele está anunciado no título, o que não é o caso aqui. Contudo, podemos verificar, ao longo do texto, que algumas palavras e expressões do mesmo campo semântico se repetem: *livros manuscritos, ler, lessem, livros, códices, códex, livro*. Assim, é com o campo semântico *livro* que se relacionam os termos:

- Idade Média – Época em que inventaram os livros manuscritos.
- Carlos Magno – Era interessado pela cultura e pela sua divulgação, mas não sabia ler (livros).
- 25 carneiros – Número de animais necessários para se fazer um livro.

Por meio dessas informações, podemos dizer que o título *Um trabalhão!* não se refere apenas a livros, mas aos primeiros deles, inventados no período da Idade Média.

Um dos recursos utilizados pelos textos de divulgação científica é a aproximação com o interlocutor, ou seja, o autor dirige-se diretamente ao leitor, criando, com ele, uma espécie de conversa. É o que acontece no trecho "Acredite ou não", em que o interlocutor direto é o próprio leitor.

Pressupondo que o texto será lido por jovens e crianças que, talvez, não saibam no que consiste a Idade Média, também há informações sobre esse período:

- Os séculos VIII e IX são séculos da Idade Média.
- Na Idade Média existiam nobres e reis.
- Carlos Magno é um rei da Idade Média.
- Pouca gente sabia ler na Idade Média.
- As Cruzadas aconteceram na Idade Média.

Todo esse contexto ajuda a entender como e por que foi na Idade Média que surgiram os primeiros livros escritos a mão, em papiros de pele de carneiro.

A pontuação também tem um papel importante na acessibilidade das informações. Por exemplo, os pontos de exclamação usados no texto ajudam o leitor a compreender o tamanho da dificuldade em se fazer um livro na Idade Média (Um trabalhão!) e o fato de que muitos carneiros eram mortos para isso ("Para se escrever 200 páginas, por exemplo, eram necessários 25 carneiros só para a preparação do pergaminho!"). O uso dos apostos, por sua vez, garante que as informações principais sejam visualmente separadas das secundárias e também facilita a leitura. Veja alguns exemplos:

- "Na Idade Média, quando inventaram os livros manuscritos, pouca gente sabia ler – mesmo entre os nobres e reis."
- "Acredite ou não, o grande Carlos Magno – rei da França e imperador de Roma entre os séculos VIII e IX, cuja grande marca foi o interesse pela cultura e pela sua divulgação – não sabia ler."
- "Esses livros foram chamados *códices* – ou *códex* – e eram muito caros."

Finalmente, para que os alunos compreendam a finalidade dos textos de divulgação científica, podemos comparar o texto da revista *Ciência Hoje das Crianças* com outro mais técnico. Observe o exemplo a seguir:

> Originalmente os textos eram escritos em papiro, depois em pergaminhos e só durante o Império Romano ocorreu uma das transformações que os aproximaram do formato convencional de livro. Nessa época, os juristas decidiram manusear o pergaminho de forma diferente, dobrando-o em quatro ou em oito partes, chamando esse "caderno" de *volumem*; ao costurar esses cadernos uns aos outros, construíam o que chamavam de códex (ou códice). Mais tarde, na Idade Média, esses códices passaram a conter também iluminuras e miniaturas ilustrativas.

FONTE: Adaptado de A origem..., 2009.

Como podemos perceber, saem de cena o texto que dialoga com o leitor, a explicação mais detalhada de aspectos históricos e os pontos de exclamação, eliminando a aproximação do texto com o leitor.

Os alunos podem experimentar produzir um texto de divulgação científica a partir de um texto mais técnico, pesquisado em manuais ou *sites* acadêmicos. Podem, por exemplo, reescrever um texto como o que se segue:

> As palmeiras são plantas monocotiledôneas da família das palmáceas (*Palmaceae* ou *Palmae*). São representadas por cerca de 3.500 espécies reunidas em 240 gêneros. Muitas são conhecidas pelo nome vulgar. São plantas mais características da flora tropical. São por isso elementos importantes na composição do paisagismo nacional. Muitas palmeiras são de grande importância econômica pelos diferentes produtos que delas podem ser obtidos. Os produtos destinados à alimentação humana ocupam o primeiro lugar.

FONTE: Palmeiras, 2013.

A reescrita será um momento de refletir novamente sobre as características do gênero estudado. A nova versão, além da adequação da linguagem, pode incorporar imagens como um recurso que facilite a popularização da informação. Veja um exemplo:

Com certeza você já viu uma palmeira. Pois é: as palmeiras são tão comuns no Brasil que, durante muito tempo, o país foi conhecido como Pindorama, que significa *terra das palmeiras*. *Palmeira é o nome comum das plantas que têm o caule lenhoso e cilíndrico, coroado por um penacho de folhas*. Ao contrário das árvores comuns, as palmeiras não têm galhos. Além de embelezarem as paisagens, elas fornecem vários produtos muito úteis para a construção de jangadas, canoas, caibros e ripas. Além disso, servem como alimento, são usadas na cobertura de choupanas e na confecção de vassouras e utensílios trançados (esteiras, cestos, chapéus etc.) e oferecem produtos como fibras, cera e óleo.

    Ao estudar vários textos de divulgação científica, o aluno percebe as características mais marcantes do gênero. Agora vamos analisar outro texto. Antes realizar a leitura com a turma a fim de averiguar os conhecimentos prévios e as hipóteses sobre o texto, podemos questionar se os alunos sabem qual é a língua materna deles e se já ouviram falar que uma língua pode morrer. Podemos, também, pedir que pesquisem quantas línguas são faladas no Brasil e quantas já foram faladas, ampliando, assim, os conhecimentos prévios de cada um sobre o tema.

Ficou ilhado, invadido, sofreu repressão? A língua morre

Os povos do planeta falam hoje cerca de 6 mil idiomas. Mas essa riqueza está ameaçada. Durante os últimos três séculos, línguas desapareceram em compasso acelerado. Hoje, pelo menos metade delas está em perigo. Linguistas consideram que o idioma de determinada comunidade corre risco quando pelo menos 30% de suas crianças não o aprendem mais.

Diversas são as causas: contato com culturas agressivas ou mais fortes economicamente; grupos que ficam ilhados; políticas repressivas; extermínio de comunidades.

O fenômeno atinge o mundo todo. Na Europa, há cerca de 50 em perigo, 14 só na França. Na África, que fala 1.400 idiomas, 250 estão ameaçados.

Na região do Pacífico, que abrange ilhas, incluindo a Oceania, fala-se mais de 2 mil idiomas, um terço do total mundial. A Papua-Nova Guiné tem pelo menos 820, a maior densidade do planeta. De modo geral, a região vai bem. Mas na Austrália, cujo governo proibiu aborígines de usar qualquer uma de suas 400 línguas até a década de 1970, há número recorde de recém-desaparecidas ou em risco de extinção. Apenas 25 se mantêm vivas.

O Brasil é o país com maior densidade linguística da América do Sul. São 180, a maioria na região amazônica. Especialistas estimam que, ao longo de 500 anos, perdemos 85% de nossos idiomas.

FONTE: Rocha, 2014.

É importante fazer a mediação entre o texto e os alunos a fim de que eles compreendam que, segundo o texto, as causas do desaparecimento de idiomas são diversas: "contato com culturas agressivas ou mais fortes economicamente; grupos que ficam ilhados; políticas repressivas; extermínio de comunidades". Para ampliar a questão, a turma pode levantar hipóteses sobre o risco que algumas línguas podem estar correndo tendo em vista essas causas. No Brasil, por exemplo, as línguas indígenas continuam em perigo de desaparecerem junto com seus falantes.

Outra questão interessante é refletir sobre o fato de o governo australiano ter proibido os aborígines de usar qualquer uma de suas 400 línguas até a década de 1970. Esse é um exemplo de discriminação social e étnica, um preconceito linguístico condenável. Essa atitude mostra a intolerância e a força repressiva sobre alguns povos e sua identidade cultural.

É importante contextualizar que o *Almanaque Brasil de Cultura Popular*, no qual foi publicado o texto, é uma revista distribuída nos voos de uma companhia aérea e também por assinatura. Tendo em vista o público leitor, a turma pode analisar a adequação da linguagem, do tema e da extensão do texto, percebendo que a revista é destinada a adultos escolarizados, de nível econômico médio ou alto. A função da revista é ser lida durante os voos, que podem variar bastante quanto à duração. Em razão disso, o texto deve ser relativamente sucinto e o tema bastante amplo e de interesse de qualquer pessoa. A linguagem usada, em norma-padrão, atende a qualquer leitor escolarizado.

Novamente, o título pode ser motivo de reflexão. Nesse caso, ele consiste em uma pergunta dirigida diretamente ao leitor: "Ficou ilhado, invadido, sofreu repressão? A língua morre". Que provocações ele promove? Ele desperta a curiosidade do leitor?

Por ser um texto de divulgação científica, ele populariza, para pessoas leigas, estudos de uma ciência chamada *linguística*. Para tornar essa informação acessível, são utilizadas algumas estratégias de linguagem, que podem ser identificadas pelos alunos: curta extensão dos parágrafos e das frases; vocabulário acessível, porém preciso em relação ao tema; e linguagem menos formal.

Em relação à coesão, podem ser destacadas palavras, expressões ou ideias que se relacionam com os referentes: *essa riqueza* (6 mil idiomas); *metade delas* (6 mil idiomas ou as línguas faladas hoje); *o fenômeno* (desaparecimento das línguas); *especialistas* (linguistas). No trecho inicial do texto, a função da conjunção *mas* pode ser destacada, sendo que os alunos podem reescrever o trecho de diferentes formas:

- Unir as duas frases, o que exigirá a mudança de pontuação: *Os povos do planeta falam hoje cerca de 6 mil idiomas, mas essa riqueza está ameaçada.*
- Trocar a conjunção *mas* por outra de mesmo sentido, o que pode ser pesquisado na lista de conjunções adversativas: *Os povos do planeta falam hoje cerca de 6 mil idiomas. Porém/todavia/contudo/no entanto/entretanto essa riqueza está ameaçada.*
- Começar pela segunda frase, o que exigirá uma grande modificação na estrutura original a fim de que o mesmo

sentido seja mantido: *O fato de hoje cerca de 6 mil idiomas serem falados no planeta está ameaçado.*

Os marcadores de tempo também são muito importantes no texto, pois são dadas informações do presente e do passado.

+ "Os povos do planeta falam hoje cerca de 6 mil idiomas."
+ "Hoje, pelo menos metade delas está em perigo." (O "hoje" a que se refere o texto está vinculado à sua data de publicação, em 2004)
+ "Durante os últimos três séculos, línguas desapareceram em compasso acelerado." (Séculos XX, XIX e XVIII)
+ "Mas na Austrália, cujo governo proibiu aborígines de usar qualquer uma de suas 400 línguas até a década de 1970, há número recorde de recém-desaparecidas ou em risco de extinção."
+ "Especialistas estimam que, ao longo de 500 anos, perdemos 85% de nossos idiomas." (Referência ao Descobrimento do Brasil, em 1500)

Podemos, ainda, trabalhar com o fichamento do texto, o que também pode ser feito com outros textos informativos:

QUADRO 6.1 – EXEMPLO DE FICHAMENTO

Gênero textual	Texto de divulgação científica.
Assunto	O desaparecimento de idiomas.
Fonte	Almanaque Brasil de Cultura Popular.

(continua)

(Quadro 6.1 – conclusão)

Finalidade	Expor e divulgar conhecimentos científicos.
Interlocutores	Adultos escolarizados de classe média ou alta.
Suporte textual	Revista.
Organização do texto	Cinco parágrafos, alguns bem curtos, linguagem clara e simples.
Tempo verbal predominante	Presente.

É possível propor a ampliação, por meio de pesquisa em livros de história e língua portuguesa, enciclopédias, revistas ou *sites*, da seguinte informação: "O Brasil é o país com maior densidade linguística da América do Sul. São 180 idiomas, a maioria na região amazônica. Especialistas estimam que, ao longo de 500 anos, perdemos 85% de nossos idiomas". Veja alguns exemplos de pesquisas a seguir.

- Quem são seus falantes?

    Cento e oitenta é o número de idiomas falados pelos povos indígenas, que corresponde a cerca de 160 mil pessoas. Algumas são: Tucuna, Macu, Xipaia, Embia, Xetá, Nheengatu e Puruborá. Não estão sendo considerados os idiomas dos povos africanos escravizados, nem os idiomas dos imigrantes, o que elevaria bastante esse número (Farias, 2007).

- Por que tantos idiomas desapareceram do país ao longo de sua história?

    Segundo o pesquisador Abelardo de Carvalho, mais de 1.200 línguas indígenas desapareceram do Brasil juntamente com seus povos em virtude da ocupação portuguesa nos cinco séculos de história do país.

Como proposta de produção de texto, os alunos, em grupos, podem escrever um texto de divulgação científica sobre a pesquisa realizada e disponibilizá-lo no mural da escola ou em espaços virtuais. Será necessário traduzir as informações mais complexas por meio do uso de exemplos e comparações, criando, dessa forma, um contexto interessante. Além disso, é possível utilizar ilustrações para tornar o texto atraente. Para um bom desenvolvimento do trabalho, os alunos devem ser orientados em relação a:

- extensão de parágrafos e frases;
- exatidão e correção das informações;
- objetividade e clareza.

Os textos produzidos podem ser lidos para a turma toda, a fim de discutir as estratégias utilizadas em cada pesquisa.

Para o trabalho com a oralidade, os grupos podem escolher um tema em ciências, história, geografia ou matemática, por exemplo, para pesquisar e apresentar para a turma. O professor da área escolhida pode ser chamado para orientar a pesquisa. Na preparação da apresentação, é importante orientar os alunos para que calculem o tempo da apresentação; preparem um esquema com as ideias principais; utilizem recursos visuais, como cartazes e objetos, que ilustrem o que estão apresentando, bem como uma linguagem clara e de acordo com a norma-padrão. Tudo tendo em vista que o objetivo da apresentação é permitir que os colegas que não conhecem o assunto se interessem por ele e possam compreendê-lo.

Síntese

Neste capítulo, apresentamos práticas de oralidade, leitura, escrita e análise linguística utilizando textos de *divulgação científica*. Esse gênero foi escolhido porque tem sido cada vez mais comum sua presença nos veículos jornalísticos, assim como no ambiente escolar, em todas as áreas do conhecimento. Com isso, nosso objetivo foi mostrar como, por meio de um mesmo texto, desdobram-se as práticas com a linguagem de forma integrada e sempre em função da atribuição de sentidos ao texto lido.

Para saber mais

Em 2013, a 3ª Feira Faperj Ciência, Tecnologia e Inovação, promovida pela Fundação Carlos Chagas Filho de Amparo à Pesquisa do Estado do Rio de Janeiro, discutiu sobre interatividade, acesso pulverizado e condições para o desenvolvimento da divulgação científica nos dias de hoje. Você encontra um resumo das principais questões discutidas no encontro no *link* a seguir:

VILARDO, I. Jornalismo de ciência desafiado. *Instituto Ciência Hoje*, 23 out. 2013. Disponível em: <http://cienciahoje.uol.com.br/noticias/2013/10/jornalismo-de-ciencia-desafiado/?searchterm=Jornalismo%20de%20ci%C3%AAncia%20desafiado>. Acesso em: 21 maio 2014.

Atividades de autoavaliação

1. Sobre o gênero *divulgação científica*, assinale (V) para afirmações verdadeiras ou (F) para as falsas:
   - ( ) Associa o discurso científico ao discurso jornalístico.
   - ( ) Procura simplificar a linguagem científica a fim de que pessoas leigas tenham acesso às informações.
   - ( ) Contêm imprecisões em relação às informações científicas.
   - ( ) São exemplos de veículos de divulgação científica as revistas *Superinteressante*, *Globo Ciência*, *Ciência Hoje*, assim como suplementos científicos presentes em jornais.

2. Assinale a única alternativa incorreta no que se refere à estrutura do texto de divulgação científica:
a. Tem forma rígida, seguindo sempre o mesmo padrão de apresentação das informações.
b. A estrutura de cada texto é definida conforme o assunto e outros fatores ligados à situação comunicativa.
c. É comum o uso de exemplos, comparações, dados estatísticos e relações de causa e efeito a fim de explicar de forma mais clara as informações científicas.
d. É comum a utilização da norma-padrão mais informal.

3. Em relação ao produtor do texto de divulgação científica, pode-se afirmar que:
a. Geralmente não é a origem do conhecimento divulgado, mas um repassador dele.
b. Tem como objetivo informar o que já foi descoberto.
c. Pode utilizar argumentos de autoridade, em citações diretas ou indiretas, a fim de legitimar as informações divulgadas.
d. Todas as alternativas anteriores estão corretas.

4. Assinale a alternativa que apresenta os meios de comunicação em que comumente são veiculados textos de divulgação científica:
a. Jornais e revistas.
b. Livros especializados.
c. *Web* conferências de eventos científicos.
d. *Sites* de universidades.

5. Assinale TDC para as características do texto de divulgação científica e TC para as do texto científico:

( ) Linguagem simples e acessível.
( ) Preocupação com a norma-padrão.
( ) Título que procura chamar atenção.
( ) Presença de termos técnicos.
( ) Interpelação direta ao leitor.

Atividades de aprendizagem

Questão para reflexão

Para aprofundar seus conhecimentos sobre o gênero *divulgação científica*, acesse a dissertação a seguir e faça o fichamento do texto utilizando o roteiro apresentado na sequência.

RANGEL, E. de F. M. A divulgação do conhecimento científico sob uma perspectiva enunciativa. 141 f. Dissertação (Mestrado em Letras) – Universidade Federal do Rio Grande do Sul, Porto Alegre, 2005. Disponível em: <http://www.museudavida.fiocruz.br/brasiliana/cgi/cgilua.exe/sys/start.htm?infoid=478&sid=27>. Acesso em: 3 fev. 2014.

> O fichamento tem como principais objetivos:
> a. Ser útil em sala de aula para auxiliar a discussão do texto.
> b. Servir de estudo visando melhor domínio do conteúdo.
> c. Ser guardado para uso futuro, dispensando a necessidade de ter de refazer toda a leitura (já que muitas vezes não adquirimos a obra).

O que deve conter?

- Fonte da leitura (no caso de livros, a ficha catalográfica; em textos baixados da internet, o endereço e a data de acesso; em periódicos, o número/a edição).
- Ano de publicação (ou do documento, caso não tenha sido publicado).
- Nome da editora (em caso de ter sido publicado).
- Número da edição e/ou da impressão (nem sempre existe em publicações mais antigas).
- Título da obra.
- Título da obra no original (em caso de obra estrangeira; essa informação consta na ficha catalográfica).
- Título do capítulo ou do trecho lido, texto, artigo etc. (caso tenha lido um trecho sem título ou subtítulo, procure entitulá-lo com base na frase empregada pelo autor no início de um parágrafo).
- Localização da obra (se foi obtida em biblioteca, se é da propriedade do próprio aluno etc.).
- Nome do autor (ou autores) e/ou do organizador.
- Nome do tradutor (no caso de ser uma obra escrita originalmente em outro idioma).
- Informações relevantes sobre o autor.
- Resumo.

- Citações diretas: reprodução de trechos da leitura (relevantes para a apreensão do conjunto da leitura. Ao final da reprodução, identificar a página em que o trecho se encontra e usar aspas ou itálico para marcar a citação).
- Paráfrases: reescrita de trechos considerados importantes.
- Lista de nomes de outros autores ou livros citados no texto.
- Glossário de palavras e conceitos.
- Comentários pessoais sobre a leitura.

A forma de organização interna, por meio dos itens relacionados anteriormente, deve ser a mais compreensível para quem for desenvolver o fichamento.

Os fichamentos podem ser organizados em pastas (por temas, autores ou outro critério) no computador ou em cadernos e fichários. O importante é criar uma forma de organização que permita o fácil acesso às informações.

Atividade aplicada: prática

Prepare uma atividade a partir de um texto de divulgação científica para ser trabalhada em uma turma do ensino fundamental ou do médio, garantindo as práticas da oralidade, leitura, escrita e análise linguística. Traga os resultados da atividade para serem analisados junto com seus colegas de grupo.

{

um	a legislação brasileira que orienta o ensino de língua portuguesa
dois	toda metodologia expressa uma concepção de linguagem (e mundo)
três	o trabalho com a oralidade
quatro	as diferentes formas de trabalho com o texto
cinco	o estudo da norma-padrão por meio da análise linguística
seis	um gênero textual, muitas práticas com a linguagem
# sete	como planejar uma aula em uma perspectiva sociointeracionista
oito	avaliar: controlar, punir ou diagnosticar?

❰ PLANEJAR SIGNIFICA ELABORAR, projetar, traçar e programar um plano ou roteiro. É a preparação para qualquer empreendimento, seguindo roteiro e métodos determinados. Segundo Vasconcellos (2000, p. 79), "Planejar é antecipar mentalmente uma ação ou um conjunto de ações a ser realizadas e agir de acordo com o previsto. Planejar não é, pois, apenas algo que se faz antes de agir, mas é também agir em função daquilo que se pensa". Além disso, o planejamento pode ser realizado por um indivíduo, um grupo ou mesmo uma coletividade social ampla, como é o caso do planejamento participativo dentro de uma rede de ensino. É sob essa perspectiva que trataremos a elaboração do planejamento neste capítulo; para tanto, apresentaremos algumas possibilidades de organizar esse momento crucial da prática pedagógica em diferentes formas de sistematização.

Podemos dizer que o plano de aula é o currículo em ação, a expressão singular e autoral de cada professor, embasada na concepção curricular. Dessa forma, o plano de aula pode ser entendido como o momento da criação pedagógica, em que os conteúdos são tratados de forma contextualizada nas diversas realidades regionais, culturais e econômicas em que estão inseridos.

Schneuwly e Dolz (2004) propõem a organização em sequência didática, ou seja, a partir de um conjunto de atividades progressivas, planificadas, guiadas por tema, objetivo geral ou produção dentro de um projeto de estudo. Para garantir um trabalho colaborativo entre professor e alunos, a sequência didática deve contemplar: uma esfera de atividade em que o gênero circule; a definição de uma situação de comunicação na qual a produção se insere; a abordagem de conteúdos apropriados; a disponibilização de textos sociais; uma organização geral de ensino que vá ao encontro das transformações desejadas; a realização de atividades que contribuam para que os objetivos sejam alcançados; e o desenvolvimento de propostas que levem o aluno a atingir os objetivos desejados.

O plano de aula em Língua Portuguesa será estruturado a partir de um núcleo, que, nesse caso, são os gêneros discursivos, ou seja, as formas nas quais os textos se organizam. Essas formas apresentam características específicas relacionadas aos conteúdos abordados nos textos de determinado gênero, à composição interna das informações e às suas marcas linguísticas gerais. Os textos são a materialidade linguística de um discurso, a qual pode ser fônica (em textos falados) ou gráfica (em textos impressos). Ou seja, para cada gênero temos uma infinidade de textos.

Há várias maneiras de agrupar os gêneros textuais. As Diretrizes Curriculares referentes ao ensino de Língua Portuguesa para a educação básica do Paraná apresentam uma tabela com alguns exemplos de gêneros, agrupados conforme as esferas de circulação:

Quadro 7.1 – Tabela de gêneros textuais

Esferas sociais de circulação	Gêneros discursivos	
Cotidiana	Adivinha Álbum de família Anedota Bilhete Cantiga de roda Carta pessoal Cartão Cartão postal Causo Comunicado Convite Currículo	Diário Exposição oral Foto Música Parlenda Piada Provérbio Quadrinha Receita Relato de experiências vividas Trava-línguas

(continua)

(Quadro 7.1 – continuação)

Esferas sociais de circulação	Gêneros discursivos	
Literária/artística	Autobiografia Biografia Conto Conto de fadas Conto de fadas contemporâneo Crônica de ficção Escultura Fábula Fábula contemporânea Haicai História em quadrinhos Lenda Literatura de cordel Memórias	Letra de música Narrativa de aventura Narrativa de enigma Narrativa de ficção científica Narrativa de humor Narrativa de terror Narrativa fantásticas Narrativa míticas Paródia Pintura Poema Romance *Tanka* Texto dramático
Escolar	Ata Cartaz Debate regrado Diálogo/discussão Argumentativa Exposição oral Júri simulado Mapa Palestra Pesquisa	Relato histórico Relatório Relato de experiências científicas Resenha Resumo Seminário Texto argumentativo Texto de opinião Verbete de enciclopédia

(Quadro 7.1 – continuação)

Esferas sociais de circulação	Gêneros discursivos	
Imprensa	Agenda cultural Anúncio de emprego Artigo de opinião Caricatura Carta ao leitor Carta do leitor Cartum Charge Classificados Crônica jornalística Editorial Entrevista (oral e escrita)	Foto Horóscopo Infográfico Manchete Mapa Mesa-redonda Notícia Reportagem Resenha crítica Sinopse de filme Tira
Publicitária	Anúncio Caricatura Cartaz Comercial *E-mail* *Folder* Foto *Slogan*	Música Paródia Placa Publicidade comercial Publicidade institucional Publicidade oficial Texto político
Política	Abaixo-assinado Assembleia Carta de emprego Carta de reclamação Carta de solicitação Debate	Debate regrado Discurso político "de palanque" Fórum Manifesto Mesa-redonda Panfleto

(Quadro 7.1 – conclusão)

Esferas sociais de circulação	Gêneros discursivos	
Jurídica	Boletim de ocorrência Constituição brasileira Contrato Declaração de direitos Depoimento Discurso de acusação Discurso de defesa	Estatuto Lei Ofício Procuração Regimento Regulamento Requerimento
Produção e consumo	Bula Manual técnico Placa	Regra de jogo Rótulo/embalagem
Midiática	*Blog* *Chat* Desenho animado *E-mail* Entrevista Filme *Fotoblog* *Home Page*	*Reality show* *Talk show* Telejornal Telenovela Torpedo Videoclipe Vídeo conferência

FONTE: Adaptado de Paraná, 2008, p. 100-101.

A organização de uma sequência didática se constitui com base nos objetivos, no conteúdo, no ano/na série para o(a) qual a aula é destinada, no tempo estimado e no material necessário para o desenvolvimento da aula – cujas etapas devem ser descritas –, bem como na forma de avaliação a ser realizada.

Outra forma de planejamento pode ser desenvolvida por meio da elaboração de um plano de aula baseado no modelo da pedagogia histórico-crítica, o qual expressa uma concepção de educação fundamentada na dialética – ou seja, o movimento e a mudança de postura frente à realidade. Nesse sentido, o conteúdo deve estar relacionado à prática social do aluno para poder ser apreendido com totalidade e criticidade e a mediação do professor é decisiva para levar o aluno a estabelecer relações, analisar, refletir e construir sua autonomia intelectual.

Veja, a seguir, um exemplo de um plano de aula histórico-crítico elaborado para o trabalho com o gênero literário *fábula*.

1. Cabeçalho:
    - Instituição: Colégio Maria do Rosário.
    - Disciplina: Língua Portuguesa.
    - Ano/Série: 8º ano.
    - Horas-aula necessárias para o desenvolvimento do trabalho: Quatro.
    - Professor(a): Anibele.
2. Prática social inicial:
2.1 Conteúdo:
    - Gênero literário: Fábula.
    - Leitura: Finalidade e elementos constituintes da fábula.
    - Oralidade: Recontação e síntese de fábulas.

- Análise linguística: Discurso direto e indireto. Concordância nominal – gênero do substantivo. Pontuação – ponto de exclamação.
- Produção de texto: Escrita de fábulas com temática contemporânea.

2.2 Vivência do conteúdo:

Propor questões para identificar o que os alunos já sabem sobre fábulas; quais fábulas e ditados populares conhecem; se relacionam os ditados com alguma fábula; o que entendem por "moral".

3. Problematização:

Discutir o caráter moralizante das fábulas na perspectiva de que a moral é a expressão de mundo de uma determinada classe social.

4. Discussão sobre o conteúdo:

O que podemos aprender estudando as fábulas?

4.1 Dimensões do conteúdo:

- Conceitual: pesquisa e comparação de diferentes fábulas a fim de verificar características comuns.
- Histórica: o contexto em que as fábulas foram criadas (século VI a.C, na Grécia, sendo destinada a adultos).
- Social: modo como a moral das fábulas expressa o desejo de uma classe social de impor a sua moral sobre as outras.

- Estética/afetiva: o motivo de as pessoas parecerem estar sempre dispostas a ouvir narrativas; forma em que a ficção e a realidade se tocam.
- Cultural: discussão sobre o caráter universal das fábulas, que transcenderam a geografia e o tempo por meio da tradição oral.

5. Instrumentalização:

5.1 Ações docentes e discentes (metodologia):

Leitura coletiva e mediada de fábulas. Interpretação coletiva e individual, oral e escrita, com base no cotejo das informações dos textos, no estabelecimento de relações intertextuais e no levantamento das características das fábulas (texto narrativo em que os personagens são animais que reproduzem ações humanas e expressam um caráter moralizante em uma moral ao final do texto). Produção de fábulas com temática contemporânea. Discussão coletiva, com construção de argumentação consistente e coerente a partir da moral de algumas fábulas.

5.2 Recurso:

Quadro de giz, textos impressos, material para produção de textos.

6. Catarse:

O que foi compreendido sobre a finalidade e as características da fábula? De que forma as fábulas podem interferir na visão de mundo das pessoas?

7. Expressão da síntese (avaliação):
Produção de um texto que sintetize as discussões anteriores. Participação no debate sobre a moral das fábulas, por meio de argumentação consistente e coerente. Produção e reestruturação de fábulas.

8. Prática social final:
Ser capaz de perceber que a moral das fábulas, assim como outras verdades prontas, deve sempre ser relativizada e questionada antes de ser simplesmente aceita.

9. Referências.

FONTE: Adaptado de Kaufman; Rodrigues, 1995.

Se planos de aula baseados na sequência didática e no modelo da pedagogia histórico-crítica ainda são pouco comuns nas escolas, o formato a seguir é o mais utilizado, mesmo estando calcado em uma forma mais linear de se pensar o processo ensino-aprendizagem.

O modelo de plano de aula apresentado no Quadro 7.2 é bastante comum nas escolas.

Quadro 7.2 – Modelo de plano de aula

Data(s):
Professor(a): Disciplina/Área do conhecimento:
Conteúdo:
1. Objetivos (a serem alcançados pelos alunos; objetos da avaliação) 1.1 Objetivo geral: projeta resultado geral relativo à execução de conteúdos e procedimentos. 1.2 Objetivos específicos: especificam resultados esperados observáveis. Por exemplo: Conhecimento – associar, comparar, contrastar, definir, descrever, diferenciar, distinguir, identificar, indicar, listar, nomear, parafrasear, reconhecer, repetir, redefinir, revisar, mostrar, constatar, sumariar, contar. Aplicação – calcular, demonstrar, tirar ou extrair, empregar, estimar, dar um exemplo, ilustrar, localizar, medir, operar, desempenhar, prescrever, registrar, montar, esboçar, solucionar, traçar, usar. Solução de problemas – advogar, desafiar, escolher, compor, concluir, construir, criar, criticar, debater, decidir, defender, derivar, desenhar, formular, inferir, julgar, organizar, propor, ordenar ou classificar, recomendar.
Ano/série: indica o ano/a série a que o plano de aula é destinado.
Metodologia: descreve a sequência didática que será utilizada.
Recursos didáticos: indica os recursos (quadro, giz, retroprojetor etc.) e as fontes histórico-escolares (filme, música, quadrinhos etc.) que serão utilizadas.

(continua)

(Quadro 7.2 – conclusão)

Avaliação: pode ser realizada com diferentes propósitos (diagnóstica, formativa e somativa). É necessário discriminar, com base nos objetivos estabelecidos para a aula:
    Atividades – por exemplo, respostas às perguntas-problema ao final da aula, discussão de roteiro, compreensão de gravuras, trabalho com documentos.
    Critérios adotados para correção das atividades.

Bibliografia: indicar toda a bibliografia consultada para o planejamento da aula.

O modelo apresentado no Quadro 7.2 contempla uma sequência didática organizada em objetivos, conteúdo, metodologia, recursos didáticos utilizados e avaliação. Além disso, indica para que ano/série o plano de aula é direcionado, bem como o tempo estimado de desenvolvimento da aula.

No Quadro 7.3, exemplificamos um plano de aula para o trabalho com o gênero *divulgação científica* a partir do modelo apresentado anteriormente.

Quadro 7.3 – Exemplo de plano de aula

Data(s): 22 de maio de 2015.
Professor(a): Carlos. Disciplina/Área do conhecimento: Língua Portuguesa.
Conteúdo: Gênero textual: divulgação científica.
1. Objetivos 1.1 Objetivo geral: Compreender a finalidade e a organização estrutural dos textos de divulgação científica. 1.2 Objetivos específicos: • Identificar as principais características dos textos de divulgação científica. • Produzir textos de divulgação científica. • Divulgar um tema científico em um seminário destinado aos colegas de turma.
Ano/série: 6º ano.
Metodologia: Leitura: leitura coletiva e mediada de textos de divulgação científica. Interpretação coletiva e individual, oral e escrita, por meio do cotejo das informações apresentadas nos textos, do estabelecimento de relações intertextuais e do levantamento das características dos textos de divulgação científica. Produção de texto: produção de texto de divulgação científica em grupo, por meio de pesquisa e roteiro realizados em sala de aula. Oralidade: organização de seminário (pesquisa, organização do material, ensaio, apresentação final) sobre temas diversos relacionados à ciência.

(continua)

(Quadro 7.3 – conclusão)

Recursos didáticos: Quadro, giz, textos impressos, material para produção de texto.
Avaliação: Diagnóstica, por meio de questões propostas antes da leitura dos textos a fim de verificar os conhecimentos prévios dos alunos sobre o tema e o gênero textual a ser estudado – e formativa, por meio do acompanhamento das atividades propostas.   Critérios: cumprimento das propostas solicitadas, produção e reestruturação dos textos propostos, adequação da linguagem nas produções orais e escritas, disposição para realizar de forma responsável as atividades propostas.
Bibliografia: MATENCIO, M. de L. M. Leitura, produção de textos e a escola. São Paulo: Mercado de Letras, 1994.

Pela comparação dos planos de aula apresentados anteriormente, é possível perceber como a própria escolha do modelo utilizado revela concepções de educação e de ensino da linguagem. Por isso, é importante, além de planejar, registrar esse planejamento, buscando formatos capazes de expressar o que de fato esperamos que aconteça em sala de aula.

Síntese

Dar uma boa aula é o resultado de um processo que se inicia muito antes de colocá-la em prática. Planejar talvez seja a etapa mais importante desse processo, pois o plano de aula de cada professor expressa a concepção curricular de um sistema educacional mais amplo. Nesse sentido, planejar é um ato coletivo que exige pesquisa, criatividade, estabelecimento de prioridades e limites, acolhimento e compreensão da realidade do aluno e flexibilidade. O plano de aula deve levar em conta os conhecimentos prévios dos alunos, suas características e necessidades de aprendizagem, os objetivos da escola e seu projeto pedagógico (bem como da disciplina), o conteúdo de cada ano e o compromisso pessoal do professor com a educação, mostrando coerência entre os pressupostos teóricos e a organização do plano. Objetivamente, no plano de aula deve constar o que e como será ensinado, o tempo destinado para trabalhar o conteúdo, bem como o que, como e quando avaliar. Em Língua Portuguesa, o plano de aula deve garantir as práticas com oralidade, leitura e escrita, assim como a análise linguística e a reestruturação de textos.

Para saber mais

Os textos de José Carlos Libâneo trazem importantes reflexões sobre o planejamento escolar que não se resumem à perspectiva de controle de aprendizagem. Indicamos o livro *Didática* referenciado a seguir:

LIBÂNEO, J. C. Didática. 2. ed. São Paulo: Cortez, 2013.

Atividades de autoavaliação

1. Assinale (V) para as afirmações verdadeiras ou (F) para as falsas.

   ( ) O planejamento escolar é uma tarefa docente que inclui tanto a previsão das atividades, em termos de organização e coordenação em face dos objetivos propostos, quanto a revisão e a adequação destas no decorrer do processo de ensino.

   ( ) O planejamento é um meio para programar as ações docentes, além de um momento de pesquisa e reflexão intimamente ligado à avaliação.

   ( ) Cada professor tem autonomia para definir os conteúdos com os quais deseja trabalhar, independentemente do projeto político-pedagógico da escola.

   ( ) O planejamento é um processo de organização e coordenação da ação docente, no qual são articuladas a atividade escolar e a problemática do contexto social.

   ( ) Os elementos do planejamento escolar – objetivos, conteúdos, metodologia – estão permeados pelas questões sociais e têm um significado genuinamente político.

2. São funções do planejamento:
a. Explicar os princípios, as diretrizes e os procedimentos do trabalho docente que assegurem a articulação entre as tarefas da escola e as exigências do contexto social e do processo de participação democrática.
b. Expressar os vínculos entre o posicionamento filosófico, político-pedagógico e profissional e as ações efetivas que o professor

irá realizar na sala de aula, por meio de objetivos, conteúdos, métodos e formas organizativas de ensino.

c. Assegurar a organização e a coordenação do trabalho docente, de modo que a previsão das ações docentes possibilite ao professor a realização de um ensino de qualidade e evite a improvisação e a rotina.

d. Todas as alternativas anteriores estão corretas.

3. Assinale a alternativa incorreta:

a. O plano de aula deve conter objetivos, conteúdos, metodologia e avaliação considerando as exigências postas pela realidade social, o nível de preparo do professor e as condições socioculturais e individuais dos alunos.

b. O plano de aula deve assegurar a unidade e a coerência do trabalho docente, uma vez que torna possível inter-relacionar, num plano, os elementos que compõem o processo de ensino.

c. O plano de aula deve seguir rigorosamente a listagem de conteúdos estabelecida no início do ano.

d. O plano é um guia para orientar o professor em suas ações educativas.

4. Em um plano de aula de Língua Portuguesa que tenha como objetivo o trabalho com as práticas de leitura e escrita, é importante contemplar:

a. o texto como base para buscar exemplos de tópicos da gramática normativa.

b. exemplos concretos dos conceitos gramaticais apresentados.

- c. atividades de oralidade, leitura e escrita por meio do estudo de gêneros textuais sociais.
- d. conceitos da gramática normativa.

5. Um plano de aula baseado no modelo da pedagogia histórico-crítica tem como eixo:
- a. o conteúdo relacionado com a prática social do aluno para que ele seja apreendido em sua totalidade e com criticidade.
- b. a realidade do aluno e as formas como ele a percebe e relaciona-se com ela.
- c. a mediação do professor, fator decisivo para levar o aluno a relacionar, analisar, refletir e construir sua autonomia intelectual.
- d. Todas as alternativas anteriores estão corretas.

Atividades de aprendizagem

Questões para reflexão

1. Pesquise um plano de aula de Língua Portuguesa em uma escola ou nos meios digitais e analise-o, tendo em vista as questões discutidas neste capítulo:

- ✦ Há coerência entre objetivos, conteúdos, metodologia e avaliação propostos no plano de aula?
- ✦ O plano de aula revela que concepção de educação?

2. Compare o plano que você pesquisou e analisou com os de seus colegas de grupo. A que conclusões essa análise comparativa pode levar?

Atividade aplicada: prática

Escolha um dos modelos de planos sugeridos no capítulo e elabore o seu, sem deixar de selecionar um gênero textual para nortear o seu planejamento. Apresente seu plano para os colegas, explique-o e argumente sobre a forma como você o organizou.

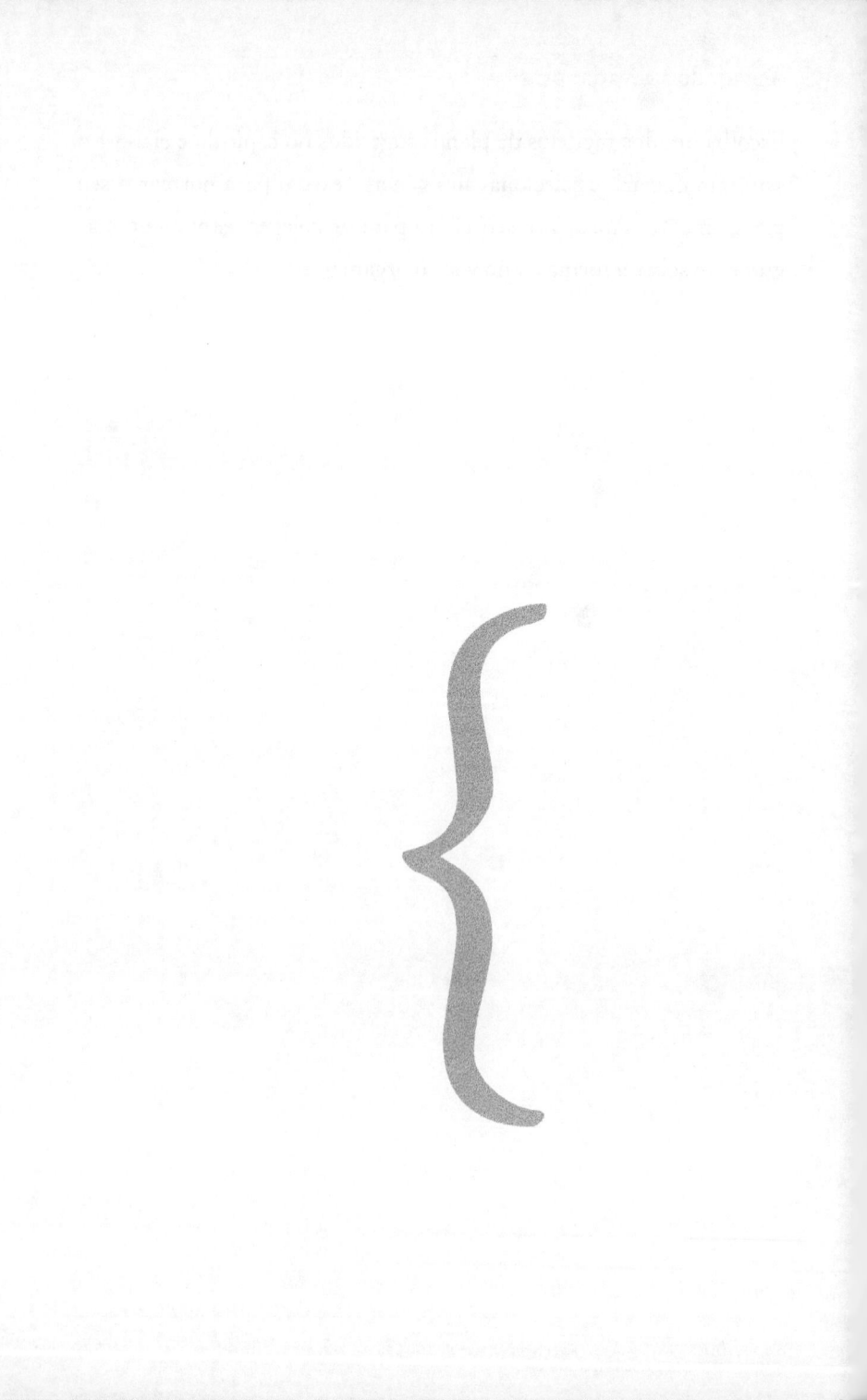

{

um	a legislação brasileira que orienta o ensino de língua portuguesa
dois	toda metodologia expressa uma concepção de linguagem (e mundo)
três	o trabalho com a oralidade
quatro	as diferentes formas de trabalho com o texto
cinco	o estudo da norma-padrão por meio da análise linguística
seis	um gênero textual, muitas práticas com a linguagem
sete	como planejar uma aula em uma perspectiva sociointeracionista
# oito	**avaliar: controlar, punir ou diagnosticar?**

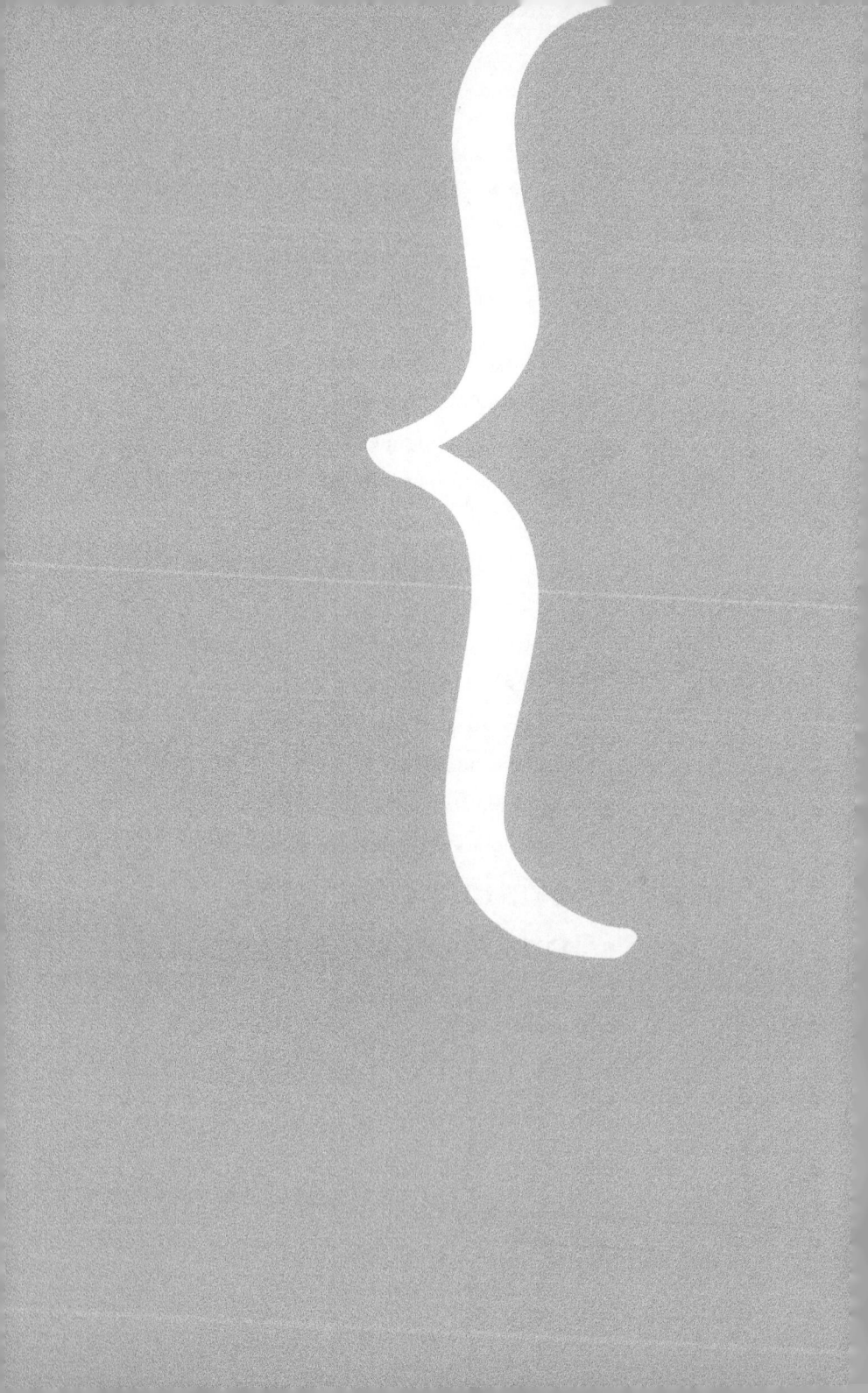

❈ NA ESCOLA, É bastante comum que a avaliação apareça quase sempre associada ao final de uma etapa, traduzida em notas ou conceitos. No entanto, fora do ambiente escolar, a avaliação quase sempre precede nossas ações, pois não tomamos nenhuma atitude (sensata, pelo menos) sem antes diagnosticar a situação e avaliar os prós e contras. Enfim, avaliamos para agir ou agimos e depois avaliamos? Qual concepção de avaliação deve permear nossas ações pedagógicas e como ela é configurada na escola? É sobre essas questões que trataremos neste capítulo.

Na escola, *avaliar* já foi sinônimo de *atribuir nota* e *cobrar*. Também foi compreendida como observação distante, sem interferências. Contudo, antes de pensarmos nas questões de concepção implícitas na compreensão da avaliação, analisaremos sua etimologia.

Avaliar vem de *valia*, que, por sua vez, é proveniente do verbo *valer*. Este provém do latim *valere*, que significa ser forte e vigoroso, ter valor, ter por objetivo, ter uma significação. No sentido atual, a palavra *avaliar* está associada à apreciação cuidadosa, que permita a formação de uma opinião (um juízo justo, correto) e a tomada de consciência – ou seja, ajuizar, apreciar, calcular e julgar.

Nessa perspectiva, a avaliação mais criteriosa é aquela que acontece em situação de diálogo. O aluno é o "outro" a ser ouvido e avaliado, tanto em relação a si mesmo e ao grupo no qual está inserido quanto em função de um parâmetro externo (conteúdos e capacidade que o aluno deve dominar).

Assim, a função da avaliação consiste em uma espécie de mapeamento que registra as conquistas e as dificuldades dos alunos no processo de aquisição do conhecimento. Nessa perspectiva, a avaliação é entendida como parte essencial do processo de ensino, e não como um momento final de um período de atividades escolares.

No caso do trabalho em língua portuguesa, o aluno será avaliado por meio dos textos lidos, produzidos e reestruturados, sejam eles orais ou escritos, individuais ou coletivos. Para isso, as práticas da oralidade, leitura e escrita são avaliadas processualmente por meio de critérios que permitam ao professor perceber o conteúdo que o aluno já domina com autonomia, bem como o que ele necessita de ajuda para fazer e como deve ser o trabalho de mediação.

Especialmente em relação à produção de textos, a melhor maneira de acompanhar o aluno é por meio da avaliação longitudinal, pela qual os textos produzidos por um mesmo aluno, em um determinado período, devem ser comparados, a fim de que o professor possa acompanhar o processo de aprendizagem. Nesse acompanhamento, é possível analisar o que o aluno consegue fazer com ajuda e o que já internalizou – essa percepção nos permite uma avaliação da criança em relação a ela mesma, e não em relação a um aluno ideal. Isso porque, em determinadas situações, ao compararmos os textos de dois alunos, podemos encontrar grandes diferenças entre eles; no entanto, se compararmos cada um a sua própria produção, aquele que apresenta mais dificuldades para escrever pode ter avançado mais do que o aluno que já escrevia um texto mais elaborado.

Outros instrumentos de avaliação também podem ser utilizados, mas sempre com o objetivo de, identificando o que o aluno domina, centralizar o trabalho nos aspectos a serem por ele apropriados. A autoavaliação é uma possibilidade de os alunos aprenderem a monitorar sua aprendizagem de forma responsável. Além disso, esse registro da própria caminhada pode auxiliar o professor na avaliação processual.

O registro desse processo pode ocorrer por meio de pareceres descritivos. Neles são relatados (ao final do mês, do bimestre, do semestre ou do ano) os conteúdos já apropriados pelo aluno, em quais ele apresenta dificuldades e, além disso, deixa subentendido os que precisam ser trabalhados.

Dessa forma, a avaliação atende à função básica da escola, promovendo o acesso ao conhecimento, e, para o professor, serve como um indispensável recurso de diagnóstico – e não uma sentença final.

oitopontoum
Critérios para a avaliação

O desempenho dos alunos na oralidade deverá ser avaliado em situações formais de produção – relatos, apresentações, debates, situações em que a criança irá recontar uma história –, tendo em vista aspectos como:

- clareza na exposição das ideias.
- uso de recursos coesivos.
- coerência (sequência dos fatos, unidade temática).
- adequação ao interlocutor e à situação (saber dosar o tom de voz, optar por um grau maior ou menor de formalidade, manter um diálogo levando em conta a fala do outro). Ou seja, é necessário observar se o aluno:
    - ouve com atenção;
    - intervém sem desviar do assunto tratado;
    - formula e responde perguntas;
    - explica e ouve explicações;
    - manifesta e acolhe opiniões;
    - propõe temas;
    - manifesta-se de forma clara e ordenada;
    - narra fatos considerando as relações de tempo, causa e consequência;
    - narra textos lidos, buscando aproximar-se das características discursivas do texto-fonte;

- consegue descrever personagens, cenários e objetos quando narra;
- consegue expor informações sem a ajuda de suportes escritos ou do professor;
- faz a adequação do discurso ao nível de conhecimento do seu interlocutor;
- procura adequar a linguagem às situações comunicativas mais formais.

No processo de compreensão de textos, o professor precisa considerar questões como:

- identificação da ideia básica do texto;
- sentidos atribuídos ao texto;
- relações entre o texto lido/ouvido e outros (intertextualidade);
- clareza, coerência, coesão, manifestação do ponto de vista;
- adequação às questões formais da escrita;
- utilização da norma-padrão;
- apreensão dos textos lidos pelo professor;
- atribuição dos sentidos ao texto, relacionando texto e contexto;
- antecipações e inferências;
- utilização dos dados obtidos na leitura para confirmar ou retificar suas hipóteses sobre o texto;
- compreensão do texto e do gênero textual;

- intencionalidade presente no texto;
- utilização de recursos para compreensão: releitura, busca de informações, dedução a partir do contexto, consulta ao dicionário etc.;
- utilização de diferentes modalidades de leitura dependendo dos seus objetivos: revisar, obter informações, passar o tempo, ler para escrever etc.;
- frequência na biblioteca;
- estabelecimento de alguns critérios pessoais para selecionar suas leituras;
- resolução de dúvidas por meio da interação com o professor ou os colegas;
- interesse pela leitura de textos em diferentes gêneros textuais;
- busca de informações por meio da leitura;
- socialização de experiências de leitura.

Na produção de textos, o professor necessita observar se o aluno:

- procura produzir textos considerando o destinatário, a finalidade e as características do gênero textual;
- amplia suas hipóteses sobre a escrita;
- pontua seus textos e utiliza maiúsculas e minúsculas adequadamente;

- procura usar os recursos do discurso direto, indicando os turnos de fala;
- utiliza o dicionário para resolver suas dúvidas ortográficas;
- considera as características dos diferentes gêneros textuais;
- procura adequar seus textos à linguagem escrita, evitando elementos coesivos próprios da fala e utilizando recursos coesivos próprios da escrita (conectivos, expressões que marcam temporalidade e causalidade, substituições lexicais, manutenção do tempo verbal etc.);
- procura empregar adequadamente a regência verbal e as concordâncias verbal e nominal, adequando o texto à norma-padrão;
- utiliza a escrita como recurso de estudo (toma notas, escreve textos com base em pesquisa de diferentes fontes, faz resumos);
- planeja, faz rascunhos, revisa, reestrutura e cuida da apresentação de seus textos;
- escreve de forma legível.

Podemos usar, também, como critérios de avaliação os descritores da Prova Brasil, que checa as habilidades essenciais das áreas de língua portuguesa e matemática e é baseada nos currículos propostos por redes estaduais e municipais. Eles descrevem o que os alunos precisam dominar ao final do ensino fundamental, e podem orientar sobre os aspectos importantes a serem trabalhados em sala de aula.

De acordo com o caderno de orientações para a Prova Brasil (Prova..., 2009), a matriz de referência apresenta um conjunto de descritores de habilidades que atende ao enfoque dado à prova para avaliar um conjunto de procedimentos cognitivos, de capacidades de leitura do estudante. Os tópicos que aglutinam os diferentes descritores de habilidades apresentam as condições necessárias para um adequado processamento da leitura pelo sujeito.

oitopontodois
Matriz de referência do Exame Nacional do Ensino Médio (Enem)

Os critérios de avaliação do Exame Nacional do Ensino Médio (Enem) podem também contribuir para ampliar a abordagem das práticas com a linguagem em sala de aula. O Enem foi criado em 1998 com o objetivo de avaliar o desempenho do estudante ao finalizar a educação básica, buscando contribuir para a melhoria da qualidade desse nível de escolaridade. A partir de 2009, passou a ser utilizado também como mecanismo de seleção para o ingresso no ensino superior. O conteúdo das provas é definido com base em matrizes de referência de quatro áreas do conhecimento:

- Linguagens, códigos e suas tecnologias, que abrange o conteúdo das disciplinas de Língua Portuguesa (gramática e interpretação de texto), Língua Estrangeira Moderna,

Literatura, Artes, Educação Física e das tecnologias da informação.
- Matemática e suas tecnologias.
- Ciências da natureza e suas tecnologias, que abrange os conteúdos de Química, Física e Biologia.
- Ciências humanas e suas tecnologias, que abrange os conteúdos de Geografia, História, Filosofia, Sociologia e conhecimentos gerais.

Os objetos de conhecimento associados à área de linguagem, códigos e suas tecnologias referentes ao estudo do texto são:

- Estudo do texto literário – Relações entre produção literária, processo social, concepções artísticas, procedimentos de construção e recepção de textos; processos de formações literária e nacional; produção e recepção de textos literários; constituição do patrimônio literário nacional; relações entre a dialética cosmopolitismo/localismo e a produção literária nacional; elementos de continuidade e ruptura entre os diversos momentos da literatura brasileira; associações entre concepções artísticas e procedimentos de construção do texto literário em seus gêneros e formas diversas; articulações entre os recursos expressivos e estruturais do texto literário e o processo social relacionado ao momento de sua produção; representação literária (natureza, função, organização e estrutura do texto literário); relações entre literatura, outras artes e outros saberes.
- Estudo dos aspectos linguísticos em diferentes textos – Recursos expressivos da língua; procedimentos de

construção e recepção de textos – organização da macroestrutura semântica e articulação entre ideias e proposições (relações lógico-semânticas).
- Estudo do texto argumentativo, seus gêneros e recursos linguísticos – Argumentação (tipo, gêneros e usos em língua portuguesa); formas de apresentação de diferentes pontos de vista; organização e progressão textual; papéis sociais e comunicativos dos interlocutores; relação entre usos e propósitos comunicativos; função sociocomunicativa do gênero; aspectos da dimensão espaço temporal em que se produz o texto.
- Estudo dos aspectos linguísticos da língua portuguesa – Usos da língua; norma culta e variação linguística; uso dos recursos linguísticos em relação ao contexto em que o texto é constituído (elementos de referência pessoal, temporal, espacial, registro linguístico, grau de formalidade, seleção lexical, tempos e modos verbais); uso dos recursos linguísticos em processo de coesão textual (elementos de articulação das sequências dos textos ou da construção da micro estrutura do texto).
- Estudo dos gêneros digitais – Tecnologia da comunicação e da informação (impacto e função social); texto literário típico da cultura de massa; suporte textual em gêneros digitais; caracterização dos interlocutores na comunicação

tecnológica; recursos linguísticos e gêneros digitais; função social das novas tecnologias.

Competências e habilidades avaliadas

É importante observar que a avaliação não deve estar centrada em conteúdos assimilados, mas em competências e habilidades. As competências são os conhecimentos, as atitudes, as capacidades e as aptidões que nos habilitam para vários desempenhos da vida. As habilidades, por sua vez, ligam-se a atributos relacionados ao saber-fazer, ao saber-conviver e ao saber-ser. Vejamos algumas competências e habilidades avaliadas pelo Enem:

> Competência da área 1 – Aplicar as tecnologias da comunicação e da informação na escola, no trabalho e em outros contextos relevantes para sua vida.
> H1 – Identificar as diferentes linguagens e seus recursos expressivos como elementos de caracterização dos sistemas de comunicação.
> H2 – Recorrer aos conhecimentos sobre as linguagens dos sistemas de comunicação e informação para resolver problemas sociais.
> H3 – Relacionar informações geradas nos sistemas de comunicação e informação, considerando a função social desses sistemas.
> H4 – Reconhecer posições críticas aos usos sociais que são feitos das linguagens e dos sistemas de comunicação e informação.

Competência da área 2 – Conhecer e usar língua(s) estrangeira(s) moderna(s) (LEM) como instrumento de acesso a informações e a outras culturas e grupos sociais.

H5 – Associar vocábulos e expressões de um texto em LEM ao seu tema.

H6 – Utilizar os conhecimentos da LEM e de seus mecanismos como meio de ampliar as possibilidades de acesso a informações, tecnologias e culturas.

[...]

Competência da área 5 – Analisar, interpretar e aplicar recursos expressivos das linguagens, relacionando textos com seus contextos, mediante a natureza, função, organização, estrutura das manifestações, de acordo com as condições de produção e recepção.

H15 – Estabelecer relações entre o texto literário e o momento de sua produção, situando aspectos do contexto histórico, social e político.

H16 – Relacionar informações sobre concepções artísticas e procedimentos de construção do texto literário.

H17 – Reconhecer a presença de valores sociais e humanos atualizáveis e permanentes no patrimônio literário nacional.

Competência da área 6 – Compreender e usar os sistemas simbólicos das diferentes linguagens como meios de organização cognitiva da realidade pela constituição de significados, expressão, comunicação e informação.

H18 – Identificar os elementos que concorrem para a progressão temática e para a organização e estruturação de textos de diferentes gêneros e tipos.

H19 – Analisar a função da linguagem predominante nos textos em situações específicas de interlocução.

H20 – Reconhecer a importância do patrimônio linguístico para a preservação da memória e da identidade nacional.

Competência da área 7 – Confrontar opiniões e pontos de vista sobre as diferentes linguagens e suas manifestações específicas.

H21 – Reconhecer em textos de diferentes gêneros, recursos verbais e não verbais utilizados com a finalidade de criar e mudar comportamentos e hábitos.

H22 – Relacionar, em diferentes textos, opiniões, temas, assuntos e recursos linguísticos.

H23 – Inferir em um texto quais são os objetivos de seu produtor e quem é seu público-alvo, pela análise dos procedimentos argumentativos utilizados.

H24 – Reconhecer no texto estratégias argumentativas empregadas para o convencimento do público, como a intimidação, sedução, comoção, chantagem, entre outras.

Competência da área 8 – Compreender e usar a língua portuguesa como língua materna, geradora de significação e integradora da organização do mundo e da própria identidade.

H25 – Identificar, em textos de diferentes gêneros, as marcas linguísticas que singularizam as variedades linguísticas sociais, regionais e de registro.

H26 – Relacionar as variedades linguísticas a situações específicas de uso social.

H27 – Reconhecer os usos da norma padrão [sic] da língua portuguesa nas diferentes situações de comunicação. [...]

FONTE: Brasil, 2014.

Em relação à produção de texto do Enem, são avaliados:

- domínio da norma-padrão da língua portuguesa;
- compreensão da proposta de redação;
- seleção e organização das informações;
- demonstração de conhecimento da língua necessária para argumentação do texto;
- elaboração de uma proposta de solução para os problemas abordados, respeitando os valores e considerando as diversidades socioculturais.

Os critérios e descritores relacionados anteriormente devem ser entendidos como indicativos para avaliarmos nossos alunos na perspectiva do diagnóstico e da intervenção. Ou seja: avaliar, especialmente na educação, só tem razão de existir se for na perspectiva do investigar, do intervir e do buscar a transformação.

Síntese

Ainda é comum pensar a avaliação escolar como sinônimo de verificação e julgamento do rendimento dos alunos, verificando os resultados do ensino tendo como base um aluno ideal. Contudo, a avaliação deve ser compreendida como parte da rotina, em uma perspectiva diagnóstica e processual. Isso exige o estabelecimento de uma nova relação entre professor, aluno e conhecimento, partindo do princípio de que o aluno não é acumulador e repetidor de informações recebidas, mas construtor do seu próprio conhecimento, sendo o professor o mediador desse processo. Então, todos os envolvidos no processo de ensino e aprendizagem são responsáveis pela avaliação. Nesse sentido, a avaliação garante que o educador possa aprimorar as atividades propostas e garantir que todos aprendam. Em Língua Portuguesa, o principal instrumento de avaliação são as produções de texto dos alunos, avaliadas de forma longitudinal; também são avaliadas as competências e as habilidades nas práticas de oralidade e leitura.

Para saber mais

No endereço do Instituto Nacional de Estudos e Pesquisas Educacionais Anísio Teixeira (Inep) estão as matrizes de referência da Prova Brasil e do Sistema de Avaliação da Educação Básica (Saeb).

INEP – Instituto Nacional de Estudos e Pesquisas Educacionais Anísio Teixeira. Matrizes de referência. Disponível em: <http://portal.inep.gov.br/web/saeb/matrizes-de-referencia-professor>. Acesso em: 23 maio 2014.

Atividades de autoavaliação

Leia o relato de uma prática docente para responder às questões de 1 a 3.

> Uma professora de Língua Portuguesa do 5º ano começa o ano com um diagnóstico das capacidades de escrita e comunicação dos alunos e mostra o conteúdo que eles devem aprender e quais aspectos serão trabalhados nas aulas. Ela mantém os alunos informados sobre o que será desenvolvido em aula e o que se espera deles. Diariamente, ela coloca no quadro de giz os conteúdos a serem trabalhados, as atividades e os objetivos da aula. As autoavaliações são orais e escritas. A professora compara a autoavaliação das crianças com seus registros. As questões que, na opinião da turma, não foram aprendidas são retomadas em atividades diferenciadas. Aqueles que já atingiram determinado objetivo também participam com interesse. A professora considera que conhecer o aluno em outros aspectos que não apenas os relacionados aos objetivos alcançados é essencial.

1. Em relação ao processo descrito, pode-se afirmar que:
a. a avaliação está sustentada na observação multidimensional e na autoavaliação dos alunos.
b. a avaliação tem como objetivo acompanhar o domínio do conteúdo básico por meio do monitoramento das atividades propostas.

c. a avaliação é responsabilidade do próprio aluno, em processos de autoavaliação.

d. o papel do professor é apenas observar se os alunos estão aprendendo, mas não faz interferências diretas nesse processo.

2. Pode-se dizer que o processo de avaliação descrito visa à melhoria da aprendizagem, pois os alunos:

a. avaliam a si próprios e aos colegas, analisam os próprios progressos, sentem-se motivados a avançar e veem limitações como algo a ser superado, não punido.

b. sentem-se incluídos no grupo, têm diminuído seu sentimento de frustração por não acompanhar as atividades e passam a participar mais das aulas.

c. percebem que a avaliação tem como objetivo fazer todos aprenderem e veem o trabalho em sala ganhar sentido.

d. Todas as alternativas anteriores estão corretas.

3. Pode-se dizer que o processo de avaliação descrito visa à melhoria da aprendizagem, pois o professor:

a. observa os estudantes individualmente, mas atende às dificuldades de forma coletiva.

b. usa a avaliação para investigar como os alunos estão aprendendo e o que deve ser feito para melhorar.

c. define bem os objetivos, cobra os conteúdos trabalhados e se foca nas metas traçadas.

d. usa instrumentos de avaliação que garantam a objetividade na análise dos dados.

Responda às questões 4 e 5 após a leitura do relato a seguir:

> A sala de aula é organizada em "U" para que a professora possa observar todos os alunos. Ela utiliza instrumentos de avaliação diversificados. Cada um deles se adapta ao conteúdo estudado ou a seu objetivo no momento. Na hora da correção das atividades, a professora pergunta os caminhos que cada aluno utilizou e pensa nas estratégias para fazê-los avançar. Ela anota as observações que faz da turma e de cada aluno. Após as aulas, a professora reorganiza as conclusões dessas conversas num caderno. Os registros oficiais são feitos na caderneta da escola, em que não há lugar para notas, mas para os conteúdos trabalhados, as competências desenvolvidas e as estratégias utilizadas. Os relatórios são construídos durante todo o ano e servem de base para o planejamento diário.

4. Sobre esse processo de avaliação, é possível afirmar que:
a. o professor não tem a preocupação de classificar melhores e piores, mas de fazer com que todos aprendam. Para isso, diversifica o planejamento.
b. os alunos são respeitados em sua individualidade e podem observar seus progressos em relação a si próprios, dentro do ritmo de aprendizagem de cada um.
c. Apenas a alternativa "a" está correta.
d. As alternativas "a" e "b" estão corretas.

5. O tipo de avaliação realizada pela professora pode ser chamado de:
   a. somatória.
   b. classificatória.
   c. processual.
   d. eliminatória.

Atividades de aprendizagem

Questões para reflexão

1. Analise a prova a seguir, de uma aluna do 1º ano, e escreva um texto que discuta as concepções de linguagem e avaliação que esse instrumento revela.

Figura 8.1 – Exemplo de prova

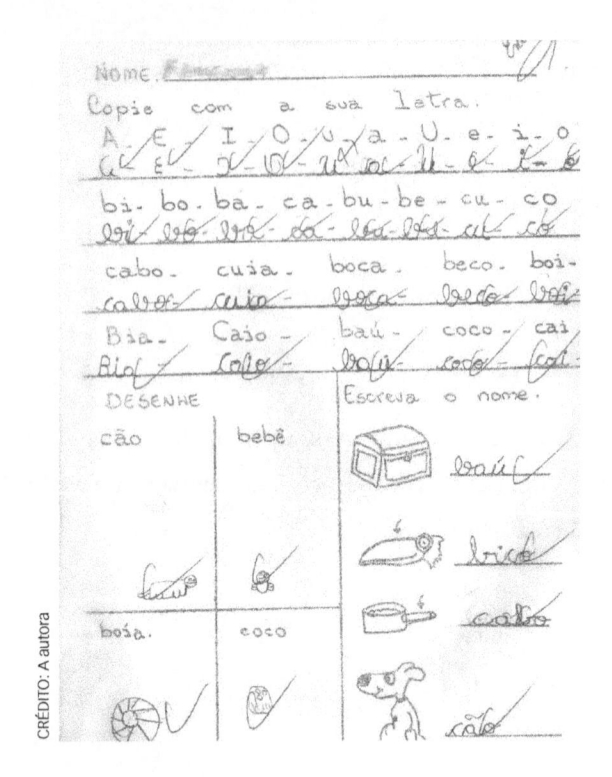

2. Escreva um parecer descritivo em relação ao texto a seguir, produzido por um aluno do 6º ano, e analise, considerando os conteúdos esperados para esse ano, o que ele demonstra saber e o que ainda deve ser trabalhado.

Figura 8.2 – Texto de aluno

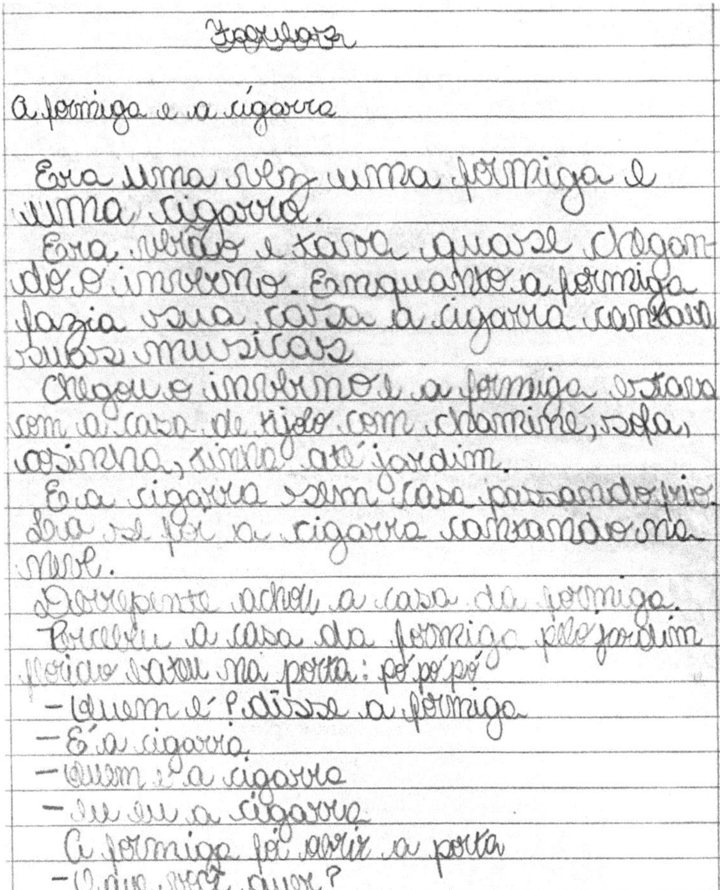

> Fábula
>
> A formiga e a cigarra
>
> Era uma vez uma formiga e uma cigarra.
> Era verão e tava quase chegando o inverno. Enquanto a formiga fazia sua casa a cigarra cantava suas musicas.
> Chegou o inverno e a formiga estava com a casa de tijolo com chaminé, sofa, cosinha, tinha até jardim.
> E a cigarra sem casa passando frio lá se foi a cigarra cantando na neve.
> De repente achou a casa da formiga. Percebeu a casa da formiga pelo jardim foi e bateu na porta: pó pó pó
> – Quem é? disse a formiga.
> – É a cigarra.
> – Quem é a cigarra
> – eu eu a cigarra
> A formiga foi abrir a porta
> – O que você quer?
> – Te peço uma casa
> – já sei você quer ficar aqui até passar o inverno né?
> – E daixa?
> – não porque quando eu estava fazendo minha casa você estava cantando suas

(continua)

(Figura 8.2 – conclusão)

> canções!
> – Deixa; eu dou aula de música prá
> você assim
> Eu sou a mosca que pousou na sua
> sopa eu sou a mosca que vem aqui prá
> morar com você. Gostou? Sim gostei nós vamos dançar
> uma Música você gosta.

Atividade aplicada: prática

Em uma escola, pesquise avaliações da disciplina de Língua Portuguesa e modelos da Prova Brasil e do Enem. Com seus colegas, analise e compare essas avaliações, tendo em vista as discussões feitas neste capítulo.

considerações finais

Os caminhos para o ensino de língua portuguesa devem ser pautados em escolhas conscientes e coerentes. Conscientes do objetivo pelo qual ensinamos: formar sujeitos capazes de transitar de forma autônoma e criativa em um mundo mediado pela escrita. Coerentes teórica e metodologicamente, com base no estudo de um referencial que possibilite compreender cada vez melhor a natureza da linguagem, o modo como a aprendemos e a forma como ela deve ser ensinada.

Um longo caminho já foi percorrido na construção de um ensino de língua portuguesa em que falar, ler e escrever na escola sejam, como tão lindamente resumiu Paulo Freire, a revelação da *palavramundo*, representada pela relação umbilical entre linguagem, cultura, vida e ser humano. Ou seja, um ensino que permita às pessoas ouvir e ler histórias de vida, assim como contar e registrar suas próprias histórias.

Uma das mais importantes publicações pioneiras nessa perspectiva, o livro *O texto na sala de aula: leitura e produção*, organizado por João Wanderley Geraldi, completou, em 2014, 30 anos. Essa importante obra já apontava para uma metodologia em que as práticas reflexivas com oralidade, leitura e escrita fossem o cerne do ensino da língua portuguesa. Durante esses 30 anos, outros livros foram publicados, muitas teses escritas, diversos cursos lecionados e muitas práticas inovadoras surgiram. É certo que temos avançado em direção a um ensino menos bancário e mais libertador, a uma escola repleta de textos sociais, na qual seja despertada a curiosidade, a reflexão e as expressões oral e escrita. Uma escola em que o professor seja também interlocutor, pronto para ouvir, se fazer ouvir, aprender, ensinar e mediar. Porém, essa caminhada está apenas começando, tendo em vista a tradição secular em que ler era pretexto para estudar gramática e escrever significava desenvolver redações escolares.

Então, há muito ainda o que estudar e muitas experiências e vivências a serem compartilhadas. Cada um de nós precisa assumir essa tarefa com entusiasmo e compromisso, garantindo a construção coletiva de um ensino de língua portuguesa que contribua para uma sociedade mais letrada e justa.

glossário

Aspectos discursivos – Refere-se à infraestrutura dos enunciados, orais ou escritos, em relação às características textuais de cada gênero, aos recursos coesivos utilizados, ao emprego de regência verbal e concordância verbal e nominal etc.

Aspectos notacionais – São os aspectos relativos à representação gráfica da linguagem.

Conhecimento extralinguístico – Trata-se do conhecimento de mundo, das vivências e experiências daqueles envolvidos na situação comunicativa.

Enunciação – Ação oral ou escrita, produzida por um falante numa determinada língua em um determinado contexto.

Índices paratextuais – Trata-se daquilo que rodeia ou acompanha um texto. O elemento paratextual mais antigo é a ilustração. Outros elementos paratextuais comuns são o índice, o prefácio, o posfácio, a dedicatória e a bibliografia. O título de um texto é o seu elemento paratextual mais importante e visível.

Intertextualidade – É a relação estabelecida entre dois ou mais textos quando um deles faz referência a elementos existentes no outro. Esses elementos podem dizer respeito ao conteúdo, à forma ou a ambos.

Norma-padrão – A norma-padrão está vinculada a uma língua modelo. Segue prescrições representadas na gramática normativa, mas é marcada pela língua produzida em certo momento da história e em uma determinada sociedade. Como a língua está em constante mudança, diferentes formas de linguagem que hoje não são consideradas pela norma-padrão podem ser legitimadas futuramente. A norma-padrão é resultado da prática da língua em um meio social considerado culto – tomando-se como base pessoas de nível superior completo e moradoras de centros urbanos.

Práxis – Conceito desenvolvido por Marx, tem como princípio o fato de os seres humanos mudarem em virtude de novas circunstâncias. A práxis é, então, uma atividade teórico-prática em que a teoria se modifica constantemente com a experiência prática e vice-versa. Na pedagogia, a práxis é o processo pelo qual uma teoria, lição ou habilidade é executada ou praticada, convertendo-se em parte da experiência vivida.

Suporte textual – Suporte (ou portador) de texto é o que porta, carrega ou contém um ou mais textos. É o *locus* no qual o texto se fixa e que tem repercussão sobre o gênero que suporta.

referências

A ORIGEM do livro. Artigonal, 4 dez. 2009. Disponível em: http://www.artigonal.com/ciencia-artigos/a-origem-do-livro-1542468.html> Acesso em: 21 maio 2014.

ALVES, R. A educação como descoberta. Língua Portuguesa, fev. 2007. Entrevista. Disponível em: <http://revistalingua.uol.com.br/textos/20/artigo248178-1.asp>. Acesso em: 11 jun. 2014.

ANDRADE, C. D. de. Antigamente. Disponível em: <http://www.algumapoesia.com.br/drummond/drummond07.htm>. Acesso em: 15 maio 2014.

ANDRADE, O. de. Poesias reunidas. Rio de Janeiro: Civilização Brasileira, 1971.

ANITELLI, F. Zazulejo. Intérprete: O Teatro Mágico. In: MÁGICO, O T. Entrada para raros. Produção independente, 2003. Faixa 15.

ANTUNES, I. Aula de português: encontro e interação. São Paulo: Parábola, 2003.

ASSARÉ, P. do. Ispinho e Fulô. Rio de Janeiro: Vozes, 1990.

AZEREDO, J. C. de. (Org.). Língua portuguesa em debate: conhecimento e ensino. Petrópolis: Vozes, 2002.

AZEVEDO, R. Não é pelos 20 centavos, claro! Ainda bem! Vejam o preço da cerveja e os smartphones... Veja, 20 jun. 2013. Coluna de Reinaldo Azevedo. Disponível em: <http://veja.abril.com.br/blog/reinaldo/geral/nao-e-pelos-20-centavos-claro-ainda-bem-vejam-o-preco-da-cerveja-e-os-smartphones/>. Acesso em: 15 jan. 2014.

BAGNO, M. Preconceito linguístico: o que é, como se faz. São Paulo: Loyola, 2000.

BAKHTIN, M. Marxismo e filosofia da linguagem. São Paulo: Hucitec, 1992.

_____. Estética da criação verbal. São Paulo: M. Fontes, 2003.

BARRETO, L. A. Literatura oral, um mundo de cultura. InfoNet, 4 fev. 2005. Disponível em: <http://www.infonet.com.br/luisantoniobarreto/ler.asp?id=32003&titulo=Luis_Antonio_Barreto>. Acesso em: 5 jul. 2013.

BARROS, M. de. Poesia completa. São Paulo: Leya, 2010.

BATISTA, A. A. G. Aula de português: discurso e saberes escolares. São Paulo: M. Fontes, 1997.

BECHARA, E. Em defesa da gramática. Veja, ano 44, ed. 2.219, n. 44, p. 21-25, 1º jun. 2011. Entrevista.

BENNETT, W. J. (Org.). O livro das virtudes para crianças. Rio de Janeiro: Nova Fronteira, 1997.

BRANDÃO, H. N. (Coord.). Gêneros do discurso na escola: mito, conto, cordel, discurso político, divulgação científica. São Paulo: Cortez, 2000.

BRASIL. Constituição (1988). Diário Oficial da União, Brasília, DF, 5 out. 1988. Disponível em: <http://www.planalto.gov.br/ccivil_03/constituicao/constituicao.htm>. Acesso em: 13 maio 2014.

BRASIL. Lei n. 9.394, de 20 de dezembro de 1996. Diário Oficial da União, Poder Legislativo, Brasília, DF, 23 dez. 1996. Disponível em: <http://www.planalto.gov.br/ccivil_03/leis/l9394.htm>. Acesso em: 13 maio 2014.

_____. Projeto de Lei n. 8.035/2010. Aprova o Plano Nacional de Educação para o decênio 2011-2020 e dá outras providências. Disponível em: <http://www.camara.gov.br/proposicoesWeb/fichadetramitacao?idProposicao=490116>. Acesso em: 11 jun. 2014.

_____. Resolução CEB n. 2, de 7 de abril de 1998. Diário Oficial da União, Poder Legislativo, Brasília, DF, 7 abr. 1998. Disponível em: <hhtp://portal.mec.gov.br/cne/arquivos/pdf/rceb02_98.pdf>. Acesso em: 13 maio 2014.

BRASIL. Ministério da Educação. Diretrizes Curriculares Nacionais Gerais da Educação Básica. Brasília: MEC; SEB; DICEI, 2013. Disponível em: <http://portal.mec.gov.br/index.php?option=com_docman&task=doc_download&gid=13448&Itemid=>. Acesso em: 11 jun. 2014.

_____. Matriz de referência para o Enem 2009. Disponível em: <http://portal.mec.gov.br/index.php?option=com_docman&task=doc_download&gid=841&Itemid=>. Acesso em: 11 jun. 2014.

_____. Parâmetros Curriculares Nacionais: ensino médio. Brasília: MEC, 2000. Disponível em: <http://portal.mec.gov.br/seb/arquivos/pdf/blegais.pdf>. Acesso em: 11 jun. 2014.

_____. Parâmetros Curriculares Nacionais: língua portuguesa. Brasília: MEC; SEF, 1997. Disponível em: <http://portal.mec.gov.br/seb/arquivos/pdf/livro02.pdf>. Acesso em: 13 maio 2014.

BRITTO, L. P. L. A sombra do caos: ensino de língua × tradição gramatical. Campinas: Mercado de Letras, 1997.

CABRAL, L. S. Introdução à psicolinguística. São Paulo: Ática, 1991.

CARDOSO, B.; EDNIR, M. Ler e escrever, muito prazer! São Paulo: Ática, 2004.

CITELLI, A. (Coord.). Aprender e ensinar com textos não escolares. 2. ed. São Paulo: Cortez, 1998.

CONY, C. H. A vaca virtual. Folha de S. Paulo, 2 maio 2006. Disponível em: <http://www1.folha.uol.com.br/folha/pensata/ult505u244.shtml>. Acesso em: 15 jan. 2014.

DESIDÉRIO, B. No hall dos maiores. A crônica esportiva, 1 ago. 2009. Disponível em: <http://acronicaesportiva.blogspot.com.br/2009/08/no-hall-dos-maiores.html>. Acesso em: 15 jan. 2014.

DIONÍSIO, A. P.; MACHADO, A. R.; BEZERRA, M. A. (Org.) Gêneros textuais & ensino. Rio de janeiro: Lucerna, 2002.

DORO, B. Cielo bate Bernard, leva ouro e quebra record mundial dos 100m livre. UOL esporte, 30 jul. 2009. Disponível em: <http://esporte.uol.com.br/natacao/ultimas/2009/07/30/ult77u2498.jhtm>. Acesso em: 3 fev. 2014.

FÁBULAS de Esopo. Tradução de Antônio Carlos Viana. Porto Alegre: L&PM, 1997. v. 68. (Coleção L&PM Pocket).

FARACO, C. A. As sete pragas do ensino de português. In: GERALDI, J. W. (Org.). O texto na sala de aula. São Paulo: Ática, 2011. (Coleção Na Sala de Aula).

FARACO, C. A.; TEZZA, C. Oficina de texto. Curitiba: Livraria do Eleotério, 1999.

FARIAS, I. Quantas línguas são faladas no Brasil? Superinteressante, ago. 2007. Disponível em: <http://super.abril.com.br/superarquivo/2007/conteudo_519768.shtml>. Acesso em: 15 jan. 2014.

FÁVERO, L. L. Coesão e coerência textuais. São Paulo: Ática, 1991.

FIORIN, J. L.; SAVIOLI, F. P. Para entender o texto: leitura e redação. São Paulo: Ática, 2007.

FOUCAMBERT, J. A leitura em questão. Porto Alegre: Artmed, 1994.

FREIRE, P. A importância do ato de ler: em três artigos que se completam. 39. ed. São Paulo: Cortez, 2000.

FULGÊNCIO, L.; LIBERATO, Y. Como facilitar a leitura. São Paulo: Contexto, 1992.

GASPARIN, J. L. Uma didática para a pedagogia histórico-crítica. Campinas: Autores Associados, 2007.

GERALDI, J. W. (Org.). O texto na sala de aula. São Paulo: Ática, 2011. (Coleção Na Sala de Aula).

GERALDI, J. W. Portos de passagem. São Paulo: M. Fontes, 1985. (Coleção Texto e Linguagem).

GNERRE, M. Linguagem, escrita e poder. São Paulo: M. Fontes, 1985.

GREENE, J. Pensamento e linguagem. Tradução de Álvaro Cabral. Rio de Janeiro: Zahar, 1981.

GUÉRIOS, M. Português ginasial: antologia e exercícios – 1ª e 2ª séries. São Paulo: Saraiva, 1958.

HOFFNAGEL, J. C. Entrevista: uma conversa controlada. In: DIONÍSIO, A. P.; MACHADO, A. R.; BEZERRA, M. A. (Org.). Gêneros textuais & ensino. Rio de Janeiro: Lucerna, 2002. p. 78-94.

HOUAISS, A.; VILLAR, M de S.; FRANCO, F. M. de M. Dicionário Houaiss da língua portuguesa. Rio de Janeiro: Instituto Antônio Houaiss; Objetiva, 2001.

HYPE SCIENCE. Conheça Chaser, o cachorro mais inteligente do mundo. Disponível em: <http://hypescience.com/conheca-chaser-o-cachorro-mais-inteligente-do-mundo/>. Acesso em: 18 jul. 2013.

JOLIBERT, J. Formando crianças leitoras. Porto Alegre: Artmed, 1994.

KARWOSKI, A. M.; GAYDECZKA, B.; BRITO, K. S. (Org.). Gêneros textuais: reflexões e ensino. São Paulo: Parábola, 2011.

KAUFMAN, A. M.; RODRIGUES, M. H. Escola, leitura e produção de textos. Porto Alegre: Artmed, 1995.

KLEIMAN, A. Oficina de leitura: teoria e prática. São Paulo: Pontes, 1995.

KLEIMAN, A. (Org.) Os significados do letramento: uma nova perspectiva sobre a prática social da escrita. Campinas: Mercado das Letras, 1995.

KOCH, I. V.; ELIAS, V. M. Ler e escrever: estratégias de produção textual. 2. ed. São Paulo: Contexto, 2011.

KOCH, I. V.; TRAVAGLIA L. C. A coerência textual. São Paulo: Contexto, 1995.

_____. Texto e coerência. São Paulo: Cortez, 1989.

KOLODY, H. Viagem no espelho. Curitiba: Ed. da UFPR, 1995.

KRAJEWSKI, J. P. Nas nuvens com as aves andinas. Terra da Gente, São Paulo, ano 9, n 98, p. 26-37, junho de 2012.

LA FONTAINE, J. de. A cigarra e a formiga. Tradução de Manuel Maria Barbosa du Bocage. In: BENNETT, W. J. (Org.). O livro das virtudes para crianças. Rio de Janeiro: Nova Fronteira, 1997. p. 27.

LEMINSKI, P. Caprichos e relaxos. São Paulo: Brasiliense, 1983.

LEMLE, M. Guia teórico do alfabetizador. Rio de janeiro: Ática, 1991.

LERNER, D. Ler e escrever na escola: o real, o possível e o necessário. Porto Alegre: Artmed, 2005.

LOBATO, M. Reinações de Narizinho. 48. ed. São Paulo: Brasiliense, 2004.

_____. Fábulas, histórias de tia Anastácia, histórias diversas. São Paulo: Brasiliense, 1977.

LUCKESI. C. C. Avaliação da aprendizagem escolar. 9. ed. São Paulo: Cortez, 1999.

LUFT, C. P. Língua e liberdade: para uma nova concepção da língua materna. Porto Alegre: L&PM, 1985.

MACHADO, A. M. O livro dos porquês. Rio de Janeiro: Editora Liceu, 1967.

MARCUSCHI, L. A. Da fala para a escrita: atividades de retextualização. São Paulo: Cortez, 2003.

MARINI, Í. Protestos lembram manifestações históricas do país. Jornal do Brasil, 18 jun. 2013. Disponível em: <http://www.jb.com.br/pais/noticias/2013/06/18/protestos-lembram-manifestacoes-historicas-do-pais/>. Acesso em: 11 jun. 2013.

MARTINS, M. H. O que é leitura. 19. ed. São Paulo: Brasiliense, 1994. (Coleção Primeiros Passos; 74).

MATENCIO, M. de L. M. Leitura, produção de textos e a escola. São Paulo: Mercado de Letras, 1994.

MORAES. V. de. A arca de Noé. Rio de Janeiro: J. Olympio, 1986.

MORAIS, A. G. O aprendizado da ortografia. Belo Horizonte: Autêntica, 1999.

NEVES. M. H. de M. Gramática de usos do português. São Paulo: Ed. da Unesp, 2001.

_____. Gramática na escola. São Paulo: Contexto, 1994.

ORLANDI, E. P. O que é linguística. São Paulo: Brasiliense, 1993.

PAES, J. P. Olha o bicho. 3. ed. São Paulo: Ática, 1991.

PALMEIRAS úteis. Disponível em: <http://ensaiosbotanicos.blogspot.com.br/2006/03/palmeiras-teis.html>. Acesso em: 28 out. 2013.

PARANÁ. Secretaria de Estado da Educação. Ensino Médio. Proposta curricular: disciplina de Língua Portuguesa. Disponível em: <http://www.ibtcaetanomunhoz.seed.pr.gov.br/modules/conteudo/conteudo.php?conteudo=41>. Acesso em: 17 out. 2013.

PARANÁ. Secretaria de Estado da Educação. Diretrizes Curriculares da Educação Básica: Língua Portuguesa. 2008. Disponível em: <http://www.educadores.diaadia.pr.gov.br/arquivos/File/diretrizes/dce-port.pdf>. Acesso em: 15 maio 2014.

PENNAC, D. Como um romance. São Paulo: Rocco, 1996.

PERINI, M. A. Sofrendo a gramática. São Paulo: Ática, 1997.

PERRENOUD, P. Avaliação: da excelência à regulação das aprendizagens. Porto Alegre: Artmed, 1999.

PIAGET, J. O nascimento da inteligência na criança. 4. ed. Rio de Janeiro: Zahar, 1982.

PISA: desempenho no Brasil piora em leitura e 'empaca' em ciências. UOL, 3 dez. 2013. Disponível em: <http://educacao.uol.com.br/noticias/2013/12/03/pisa-desempenho-do-brasil-piora-em-leitura-e-empaca-em-ciencias.htm>. Acesso em: 7 jul. 2014.

POSSENTI, S. Discurso, estilo e subjetividade. São Paulo: M. Fontes, 1988.

_____. Os humores da língua: análises linguísticas de piadas. Campinas: Mercado de Letras, 1998.

_____. Por que (não) ensinar gramática na escola. Campinas: ALB; Mercado de Letras, 1996.

PROJETO TATUÍ. O fim do finning. Disponível em: <http://www.projetotatui.com.br/finning.html>. Acesso em: 18 fev. 2014.

PROVA Brasil: descritores de Língua Portuguesa para o 9º ano. Nova Escola, São Paulo, ago. 2009. Disponível em: <http://revistaescola.abril.com.br/politicas-publicas/prova-brasil-descritores-lingua-portuguesa-90-ano-638020.shtml>. Acesso em: 15 jan. 2014.

RIBEIRO, D. Noções de coisas. São Paulo: FTD, 1995.

ROCHA, J. Ficou ilhado, invadido, sofreu pressão? A língua morre. Disponível em: <http://www.almanaquebrasil.com.br/curiosidades-

cultura/5738-ficou-ilhado-invadido-sofreu-repressao-a-lingua-morre.
html>. Acesso em: 18 fev. 2014.

ROCHA, R. Fábulas de Esopo. São Paulo: FTD, 1992.

RODRIGUES, R. H. Os gêneros do discurso na perspectiva dialógica da linguagem: a abordagem de Bakthin. In: MEURER, J. L.; BONINI, A.; MOTTA-ROTH, D. (Org.). Gêneros: teorias, métodos, debates. São Paulo: Parábola, 2005. p. 152-183.

ROJO, R. H. R. Letramento e capacidades de leitura para a cidadania. 2002. Disponível em: <http://deleste2.edunet.sp.gov.br/htpc2012/pc1_letramento.pdf>. Acesso em: 15 maio 2014.

SCHERRE, M. O preconceito linguístico deveria ser crime. Galileu, nov. 2009. Disponível em: <http://revistagalileu.globo.com/Revista/Galileu/0,,EDG87198-7943-216,00-O+PRECONCEITO+LINGUISTICO+DEVERIA+SER+CRIME.html>. Acesso em: 26 fev. 2014.

SCHNEUWLY, B. Entrevista com Bernard Schneuwly. Entrevista concedida a Denise Pellegrini. Disponível em: <http://revistaescola.abril.com.br/lingua-portuguesa/pratica-pedagogica/ensino-comunicacao-423584.shtml>. Acesso em: 18 fev. 2014.

_____. Palavra e ficcionalização: um caminho para o ensino da linguagem oral. In: SCHNEUWLY, B.; DOLZ, J. Gêneros orais e escritos na escola. Tradução de Roxane Rojo e Glaís Sales Cordeiro. Campinas: Mercado de Letras, 2004. p. 105-138.

SCHNEUWLY, B.; DOLZ, J. Gêneros orais e escritos na escola. Tradução de Roxane Rojo e Glaís Sales Cordeiro. Campinas: Mercado de Letras, 2004.

SCHNEUWLY, B.; DOLZ, J.; HALLER, S. O oral como texto: como construir um objeto de ensino. In: SCHNEUWLY B.; DOLZ, J. Gêneros orais e escritos na escola. Tradução de Roxane Rojo e Glaís Sales Cordeiro. Campinas: Mercado de Letras, 2004. p. 25-43.

SIGNORINI, I. (Org.). Investigando a relação oral/escrito. Campinas: Mercado de Letras, 2001.

SILVA, E. T. da. O ato de ler: fundamentos psicológicos para uma nova pedagogia da leitura. 3. ed. São Paulo: Cortez, 1985.

SOARES, M. Linguagem e escola: uma perspectiva social. São Paulo: Atica, 1986.

SOBRINHO, W. P. Caras-pintada deram sopro para o movimento estudantil. Folha de S. Paulo, São Paulo, abr. 2008. Disponível em: <http://www1.folha.uol.com.br/poder/2008/04/383080-caras-pintada-deram-sopro-para-o-movimento-estudantil.shtml>. Acesso em: 4 jun. 2013.

TIEPOLO, E. V.; CECATTO, I. Algumas considerações sobre a aquisição da linguagem escrita. Disponível em: <http://dc401.4shared.com/doc/o7KGDL8r/preview.html>. Acesso em: 17 out. 2013.

TOLLER, P.; DUNGA. Oito anos. Intérprete: Adriana Calcanhotto. In: CALCANHOTTO, A. Adriana Partimpim. Rio de Janeiro: BMG, 2004. Faixa 2.

TRAVAGLIA, L. C. Gramática e interação: uma proposta para o ensino de gramática no 1º e 2º graus. São Paulo: Cortez, 1995.

VAL, M. da G. C. Redação e textualidade. 2. ed. São Paulo: M. Fontes, 1999.

VIANNA, A. C. (Org.). Roteiro de redação: lendo e argumentando. São Paulo: Scipione, 1998.

VASCONCELLOS, C. dos S. Planejamento: projeto de ensino-aprendizagem e projeto político-pedagógico. 7. ed. São Paulo: Libertad, 2000.

VASCONCELOS, Y. Por que os papagaios falam? Mundo Estranho, ed. 97. Disponível em: <http://mundoestranho.abril.com.br/materia/por-que-os-papagaios-falam>. Acesso em: 29 ago. 2013.

VIEIRA, S. M. Uma pequena história do livro. Ciência Hoje das Crianças, Rio de Janeiro, n. 104, p. 2-5, jul. 2000.

VYGOTSKY, L. S. Pensamento e linguagem. São Paulo: M. Fontes, 1998.

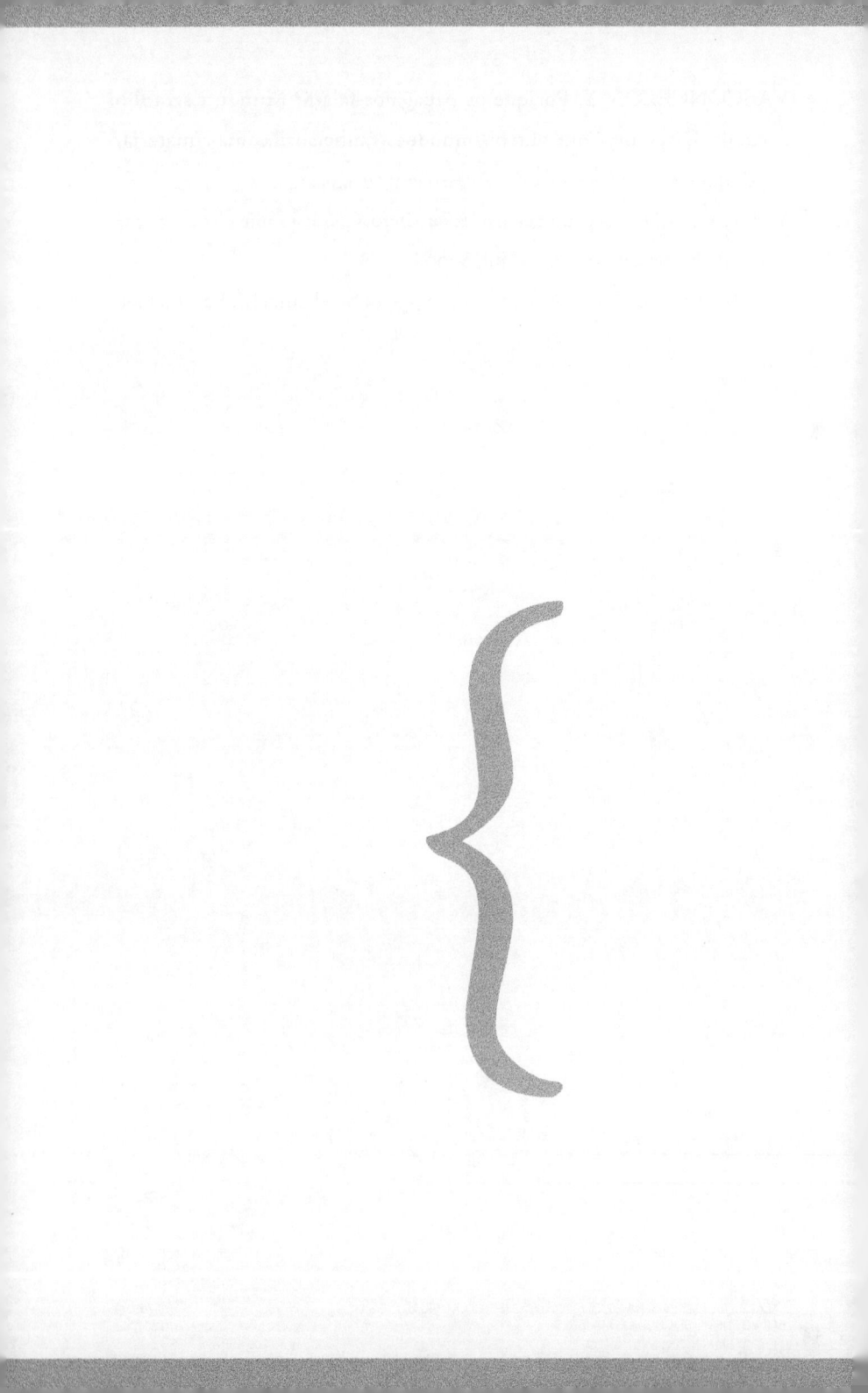

{

bibliografia comentada

ANTUNES, I. Aula de português: encontro e interação. São Paulo: Parábola, 2003.

Irandé Antunes concentra sua atenção em três grandes áreas críticas da educação linguística – a leitura, a escrita e a reflexão sobre a língua – a partir de um conjunto de respostas que se desdobram em várias outras perguntas. A intenção da autora é reafirmar o fato de que a ciência não é a busca de uma "verdade", e sim a construção de pontes, sempre provisórias, capazes de nos auxiliar em novas descobertas.

BAKHTIN, M. Marxismo e filosofia da linguagem. São Paulo: Hucitec, 1992.

Bakhtin desenvolve, nessa obra, uma filosofia da linguagem de fundamento marxista. A natureza ideológica do signo linguístico, o dinamismo próprio de suas significações, a alteridade que lhe é constitutiva, o signo como arena da luta de classes e as críticas a Saussure são alguns dos temas tratados na obra.

BRANDÃO, H. N. (Coord.). Gêneros do discurso na escola: mito, conto, cordel, discurso político, divulgação científica. São Paulo: Cortez, 2000.

Helena Brandão propõe um exercício de leitura e interpretação conforme o gênero e a sua funcionalidade social. Os gêneros estudados são contos populares, mitos indígenas, romances de cordel, textos políticos e de divulgação científica.

FOUCAMBERT, J. A leitura em questão. Porto Alegre: Artes Médicas, 1994.

Ao desvendar os meandros e as artimanhas que sustentam a construção do saber, o autor questiona radicalmente concepções e práticas herdadas pela tradição escolar, desenredando os labirintos de uma instituição criada para disfarçar desigualdades culturais geradas por um sistema baseado na desigualdade social.

FREIRE, P. A importância do ato de ler: em três artigos que se completam. 39. ed. São Paulo: Cortez, 2000.

Paulo Freire aborda, de maneira delicada, cheia de beleza e com compreensão científica do tema, a questão da leitura e da escrita sob o ângulo da luta política.

GERALDI, J. W. (Org.). O texto na sala de aula: leitura e produção. Cascavel: Assoeste, 1984.

João Wanderley Geraldi organizou essa coletânea que tem feito sucesso desde seu lançamento, em 1984, sendo reeditada inúmeras vezes. Especialistas das melhores universidades brasileiras assinam os 12 artigos contidos na obra, nos quais revelam os fundamentos do ensino da língua, da literatura, da leitura e da produção de textos na escola. O livro é um convite à reflexão e uma oportunidade de atualização para professores e estudantes das áreas de letras, pedagogia e linguística.

KLEIMAN, A. Oficina de leitura: teoria e prática. São Paulo: Pontes, 1995.

Angela Kleiman oferece uma série de sugestões de trabalho interdisciplinar como forma de buscar melhores resultados no ensino da leitura e da escrita. Ao mesmo tempo, explica os processos e as estratégias envolvidas no ato de ler.

KOCH, I. V. O texto e a construção dos sentidos. São Paulo: Contexto, 1997.

O livro trata das questões gerais relativas à produção do sentido comuns às modalidades escrita e falada e, ainda, estuda a construção dos sentidos no texto falado.

MARCUSCHI, L. A. Da fala para a escrita: atividades de retextualização. São Paulo: Cortez, 2001.

O princípio geral subjacente à obra é a visão não dicotômica das relações entre oralidade e escrita. Nesse contexto, Marcuschi mostra que a relação entre essas modalidades se dá num contínuo fundado nos próprios gêneros textuais em que se manifesta o uso da língua no cotidiano. Com essa tese central, o autor supera os preconceitos sobre a oralidade e propõe uma nova visão do trabalho com a oralidade em sala de aula.

PENNAC, D. Como um romance. São Paulo: Rocco, 1996.

Esse belíssimo livro mostra que a magia da leitura se perde quando o livro deixa de ser vivo – no momento em que a narração ao pé da cama, na infância, passa a ser a leitura obrigatória do programa escolar. Lendo para seus alunos, Pennac os fez perceber que Dostoiévski, Tolstói, Calvino, García Márquez, John Fante, todos, não importando a forma escolhida, contam uma história. Para entendê-la, basta voltar ao despudor da infância, de querer tudo descobrir.

POSSENTI, S. Por que (não) ensinar gramática na escola. Campinas: ALB; Mercado de Letras, 1996.

Sírio Possenti expõe questões relativas à natureza e ao aprendizado das línguas, destacando os fatores internos e externos da variação linguística, a natureza das gramáticas "naturais" e dos "erros" dos aprendizes ou falantes e os aspectos do funcionamento da língua ligados a contextos e valores sociais. Além disso, expõe e exemplifica os conceitos de gramáticas normativa, *descritiva e internalizada e apresenta algumas sugestões práticas sobre como realizar o trabalho em sala de aula a partir da produção do aluno.*

SCHNEUWLY, B.; DOLZ, J. Gêneros orais e escritos na escola. Tradução de Roxane Rojo e Glaís Sales Cordeiro. Campinas: Mercado de Letras, 2004.

O que é gênero de texto? Como entender a noção? Que gêneros selecionar para ensino e como organizá-los ao longo do currículo? Como pensar progressões curriculares? Deve-se trabalhar somente com os gêneros de circulação escolar? Essas e outras questões são tratadas nesse livro, que pensa o ensino dos gêneros escritos e orais e a forma de realizá-lo de maneira satisfatória.

VAL, M. da G. C. Redação e textualidade. 2. ed. São Paulo: Martins Fontes, 1999.

A linguística textual, desenvolvida principalmente na Europa, a partir do final da década de 1960, dedica-se a estudar os princípios constitutivos do texto e os fatores envolvidos em sua produção e recepção. Nessa obra, Maria da Graça Costa Val procura condensar noções relevantes dessa teoria e aplicá-las à análise de redações de vestibular, na tentativa de estabelecer um diagnóstico e levantar sugestões para o trabalho com a escrita no ambiente escolar.

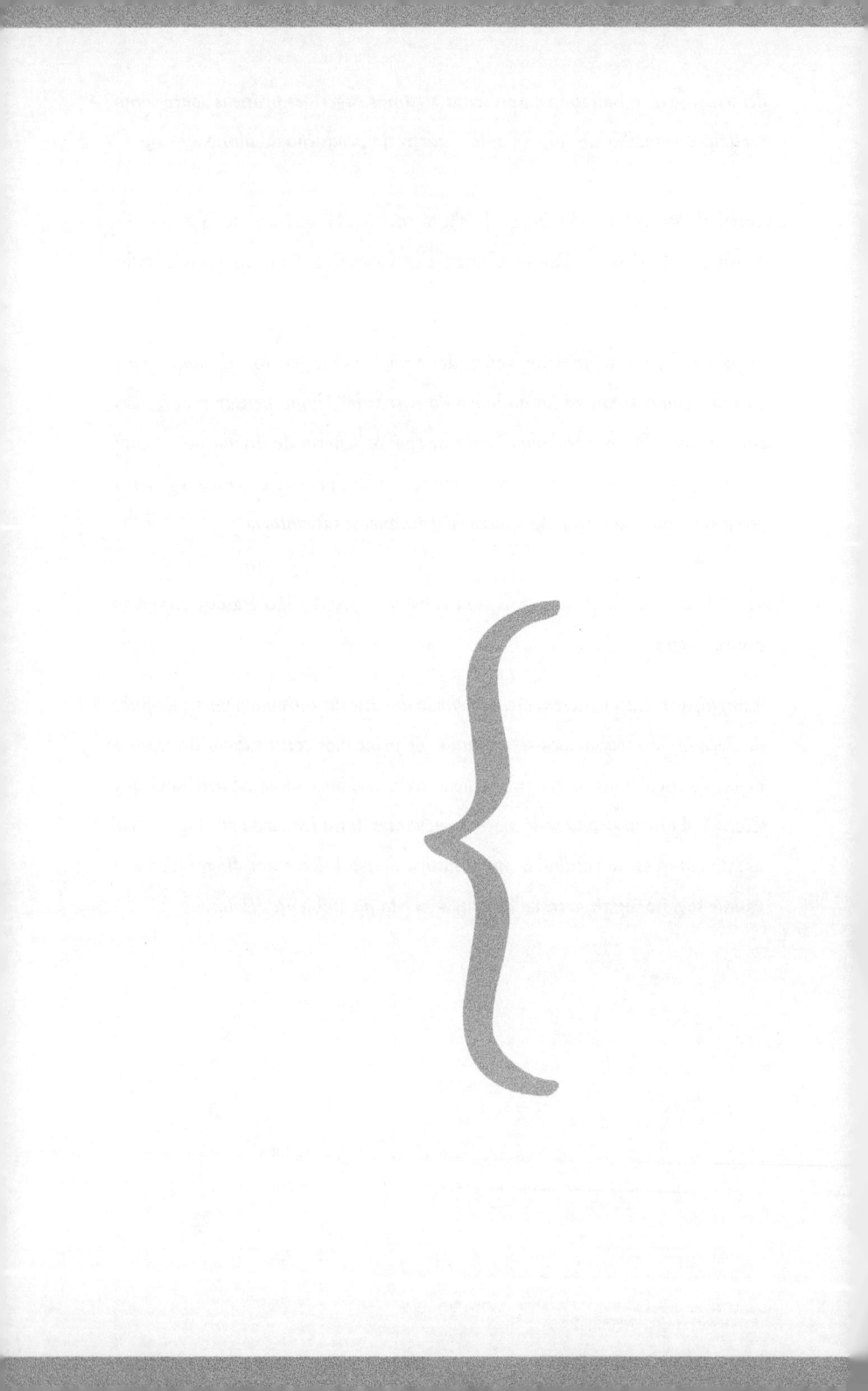

{

respostas

um

Atividades de autoavaliação

1. c
2. V, V, F, V
3. d
4. a
5. F, V, V, V

dois

Atividades de autoavaliação

1. b
2. V, V, F, V
3. d
4. P, V, V, P, V, P, V, V
5. d

Atividades de aprendizagem

Atividade aplicada: prática

O plano de aula apresenta incoerência entre os objetivos e os conteúdos delimitados em relação à metodologia. Isso porque os objetivos são desenvolver a expressão oral e escrita e os conteúdos de produção e leitura de textos, mas a metodologia prioriza o ensino da gramática normativa, usando o texto como pretexto para isso. Além disso, a avaliação busca verificar a memorização dos conceitos gramaticais trabalhados.

três
Atividades de autoavaliação
1. d
2. a
3. d
4. V, V, V, V
5. c

quatro
Atividades de autoavaliação
1. b
2. a
3. d
4. c
5. d

cinco
Atividades de autoavaliação
1. d
2. c
3. a, b, d
4. d
5. d

seis
Atividades de autoavaliação
1. V, V, F, V
2. a
3. d
4. a
5. TDC, TDC/TC, TDC, TC, TDC

sete
Atividades de autoavaliação
1. V, V, F, V, V
2. d
3. c
4. c
5. d

oito
Atividades de autoavaliação
1. a
2. d
3. b
4. d
5. c

Atividades de aprendizagem

Questões para reflexão

1. Podemos dizer que uma "prova" não pode ser considerada sinônimo de avaliação, exceto na perspectiva que compreende a linguagem como um código a ser memorizado. Além disso, reduz a alfabetização ao domínio de famílias silábicas e à escrita de palavras descontextualizadas. Nessa perspectiva, esse tipo de instrumento de avaliação está coerente. Por outro lado, se compreendemos a linguagem como interação social que só acontece de fato em contextos sociais, esse tipo de prova é completamente contrária ao que se espera como domínio da linguagem.
2. A aluna demonstra que entendeu a fábula original, mantendo seus elementos narrativos. Também demonstra conhecimento básico da norma-padrão, da ortografia, da pontuação, dos recursos próprios do discurso direto, de coerência e coesão. Contudo, esses recursos podem ser aprofundados, tornando o texto menos fragmentado em frases curtas. Além disso, há certo desleixo na finalização do texto, o que precisa ser discutido em função do respeito necessário que quem escreve deve ter com seu leitor.

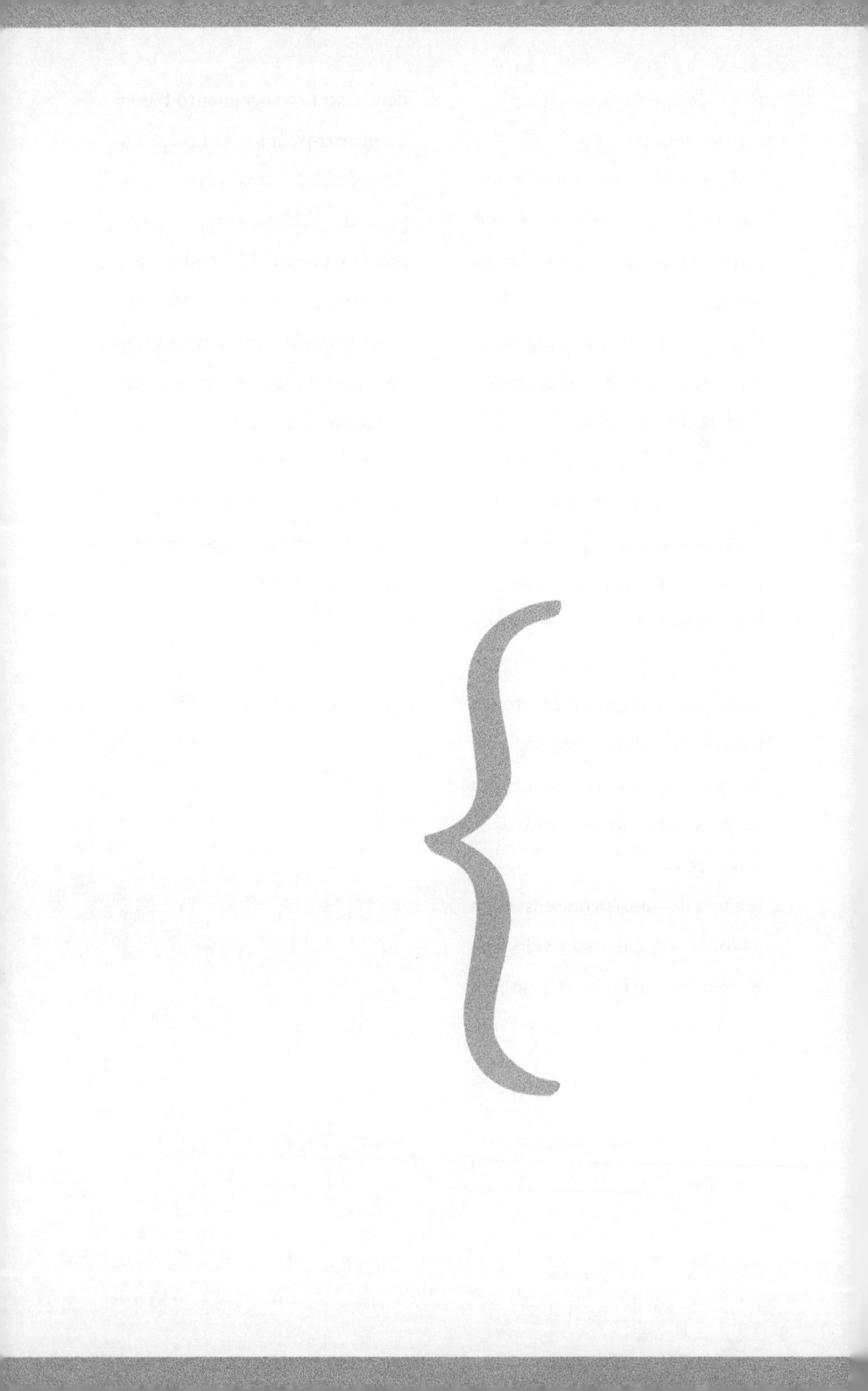

{

sobre a autora

CELISIANI VITÓRIA TIEPOLO é graduada em Letras e mestre em Literatura Brasileira pela Universidade Federal do Paraná (UFPR). Atuou como professora da educação básica em escolas estaduais e municipais. Atualmente, é professora da Licenciatura em Linguagem e Comunicação na UFPR, presta assessoria na área de metodologia do ensino da língua portuguesa e da alfabetização e é autora de materiais didáticos.

Os papéis utilizados neste livro, certificados por instituições ambientais competentes, são recicláveis, provenientes de fontes renováveis e, portanto, um meio responsável e natural de informação e conhecimento.

FSC
www.fsc.org
MISTO
Papel produzido
a partir de
fontes responsáveis
FSC® C103535

Impressão: Reproset
Maio/2021